DU ROI

DANS LA

MONARCHIE REPRÉSENTATIVE.

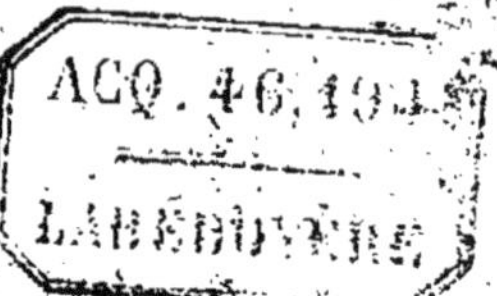

PAR CHARLES HIS.

> Qui veut entendre à fond les choses humaines,
> doit les reprendre de plus haut.
> (BOSSUET, *Hist. Univ.*)

PARIS,

CHEZ LADVOCAT, LIBRAIRE,

ÉDITEUR DES OEUVRES COMPLÈTES DE SHAKESPEARE, SCHILLER, BYRON, MILLEVOYE,
ET DES CHEFS-D'OEUVRE DES THÉATRES ÉTRANGERS.

1824.

DU ROI

DANS

LA MONARCHIE

REPRÉSENTATIVE.

CHAPITRE PREMIER.

DES TROIS PRINCIPES DE GOUVERNEMENT.

PARTOUT quelqu'un commande, tandis que les autres obéissent.

Ce fait offre-t-il les caractères d'une autorité publique ? *Le principe* du gouvernement existe : la société a une force motrice qui la dirige.

Dans sa première origine, le principe du gouvernement est, comme on le voit, tout simplement *un fait* dont la nature de l'homme et celle de la société amènent invariablement le besoin. Il faut bien reconnaître ce fait, puisque, sans lui, la société n'aurait pas pu commencer.

Considérés comme force motrice des états, les principes sont la nature même des choses, et il n'est pas plus donné aux hommes d'en augmenter le nombre que d'en altérer l'essence.

Si c'est un seul qui commande, le principe est simple ou *monarchique*.

Si ce sont plusieurs, le principe est composé.

Le principe composé est *aristocratique* ou *démocratique*, suivant que le nombre de ceux qui commandent est plus ou moins considérable. On pourrait donc soutenir à la rigueur qu'il n'y a que deux principes de gouvernement; car l'aristocratie n'est qu'une démocratie très-resserrée, ou, si l'on veut, la démocratie n'est qu'une aristocratie très-étendue.

Le gouvernement des gouvernés, ou la souveraineté du peuple n'est qu'une absurdité.

CHAPITRE II.

DE LA SOUVERAINETÉ.

Le commandement vient-il à se perpétuer dans la même famille ou dans le même ordre; c'est alors *le droit* qui s'établit, c'est la *souveraineté* qui commence.

Par la raison qu'il a fallu reconnaître le fait, sans lequel la société n'aurait pas pu commencer, il faut aussi reconnaître ledroit, puisque, sans lui, la société serait toujours prête à finir.

Le souverain est donc la force motrice de l'État vivante et légale, le principe du gouvernement incarné.

La souveraineté se transmet; on la reçoit, on ne la prend pas; c'est là son principal caractère. Il repose sur les deux plus grands intérêts des nations, leur stabilité et leur repos:

intérêts impossibles à garantir sans lier d'un seul coup, et comme par un contrat perpétuel, toutes les générations d'un peuple. Un pouvoir préservé de tout ébranlement, et que l'usurpation elle-même ne saurait détruire, peut seul mettre à l'abri de toute chance la durée du corps politique.

CHAPITRE III.

DES INSTITUTIONS.

Ayez un principe d'action, il lui faut un instrument. Il ne peut agir qu'avec un appareil, qu'avec des ressorts pour le mettre en jeu.

Ayez un principe de vie, il lui faut un corps auquel il soit uni, et tout un système pour le seconder.

Ainsi, dans la nature physique, c'est par des corps complets d'organisation que tout agit, se maintient, se conserve, se perpétue. Quand Dieu a tiré l'univers du chaos, il n'a fait qu'assurer le développement de tous les germes, de tous les principes accumulés et confondus.

Dans la nature politique, ce sont *les institutions* qni remplacent ces instrumens et ces ressorts. Elles sont le mode d'agir, sans lequel les principes et les droits resteraient inertes.

Les institutions dérivent des principes et y sont subordonnées : tel est l'ordre des affinités politiques comme des affinités physiques.

Dans la nature physique, c'est Dieu lui-même qui a disposé les élémens des choses; tandis que, dans la nature politique, c'est à l'homme que Dieu a réservé le travail des institutions. On dirait que c'est pour cette noble tâche, qu'il l'a fait à son image.

Cette science des principes et des institutions, ce vaste ensemble dans les idées, cette sorte de politique, qu'on pourrait appeler transcendante, pour l'opposer à la politique vulgaire, à la science des expédiens et des négociations, cette haute politique, dis-je, est aujourd'hui le besoin de l'Europe ébranlée.

CHAPITRE IV.

DU GOUVERNEMENT.

Par gouvernement, j'entends l'alliance d'un principe et des institutions propres à en assurer l'efficacité. Si toute comparaison entre une chose essentiellement morale, et un objet purement physique n'était pas vicieuse, je dirais que c'est une sorte de mécanisme dans lequel les divers rouages, tout en produisant un effet particulier, doivent cependant concourir à l'action d'une force motrice principale, et y être subordonnés.

Y a-t-il harmonie entre les rouages et le ressort, c'est-à-dire entre les institutions et le principe ; le gouvernement est certain de sa stabilité. Au contraire, le principe manque-t-il des institutions propres à le fortifier, ou seulement ne sont-elles point en rapport, soit entr'elles, soit avec lui ; le gouvernement n'est pas suffisamment constitué. Il n'ést pas garanti, et il ne peut pas garantir.

C'est là une de ces vérités que la science politiquc a conquises dans son domaine particulier. On peut la regarder comme exacte, non toutefois de cette minutieuse exactitude que les savans ont enfermée entre les branches d'un compas, mais de celle même de la nature, qui, sans s'inquiéter du tems dont elle dispose, s'avance invariablement vers sa fin, alors même que des exceptions de peu de durée font supposer un instant qu'elle s'en écarte. Les annales de tous les peuples s'accordent pour la constater. Montesquieu ne connaît pas d'autre règle pour expliquer les effets infaillibles des lois. L'accord entre tous les ressorts du gouvernement et le principe de son institution, est la base de tous les jugemens que porte ce grand homme.

CHAPITRE V.

D'UNE GRANDE ERREUR.

LA souveraineté se transmet; mais elle ne peut transmettre avec elle les moyens d'action qui plus tard devront suivre les mouvemens de la civilisation.

Tantôt le tems seul, tantôt une simple découverte, la poudre à canon, l'imprimerie, modifient tellement les élémens de la société que les moyens d'efficacité, qui avaient jusque-là suffi pour la garantir, ne peuvent rester les mêmes.

Avant la révolution, les institutions de la France étaient *féodales*. Par la révolution, et surtout par la Charte, les institutions de la France sont *représentatives*.

Quant au principe du gouvernement, il est toujours le même, après comme avant la révolution. Depuis quatorze siècles, il n'a pas changé de place : il est resté constamment *monarchique*.

Cependant on répète sans cesse cette locution : Les *principes* du gouvernement représentatif. On se trompe sur la valeur du mot *représentatif* : il ne sert qu'à désigner la nature des institutions ; et on l'interprète comme s'il désignait le principe même du gouvernement.

Il faut peser cette remarque, parce qu'elle dépasse les bornes ordinaires. C'est un point de vue tout nouveau, qui, en expliquant les erreurs passées, pourra peut-être empêcher les erreurs à venir. L'évidence des choses est un grand conciliateur.

Mais tant qu'on confondra deux choses que nous avons montrées être si distinctes ; savoir les principes et les institutions, la force motrice et les forces mues, la forme et le fond, l'idée mère et les idées subordonnées, il est impossible de s'entendre. Cependant cette confusion règne partout, à Londres comme à Paris, dans les votes de la diète comme dans les discussions des Chambres.

Pour qu'un gouvernement ait les qualités représentatives, il suffit que les trois grands intérêts de la société, savoir, l'intérêt monarchique, l'intérêt aristocratique et l'intérêt démocratique, y soient représentés, et que les diverses institutions, dépositaires de cette faculté de représentation, aient chacune dans leur sphère le libre arbitre de leur volonté.

Les qualités représentatives sont une forme générale qui peut s'appliquer indistinctement soit au principe monarchique, soit au principe aristocratique, soit au principe démocratique. Mais, dans aucun cas, elles ne peuvent constituer ce principe.

Ainsi, quand on a dit à quel signe on reconnaît qu'un gouvernement a les qualités représentatives, il reste encore à déterminer à quel signe on peut reconnaître qu'il est gouvernement; et il ne peut tenir ce caractère que de son principe, que de sa force motrice, que de sa qualité dominante, et non de ses attributions subordonnées.

A n'employer les mots que dans leur stricte

valeur, celui de *représentatif* manque de clarté comme de précision, quand on le joint à celui de *gouvernement.*

Un gouvernement est ou monarchique ou aristocratique, ou démocratique ; parce que, telle combinaison que l'on suppose, il faut invariablement qu'elle se rattache à l'une ou à l'autre de ces données. « Les principes sont la » nature même des choses, et il n'est donné » aux hommes, ni d'en augmenter le nom» bre, ni d'en altérer l'essence. »

Ensuite, quoiqu'il n'y ait qu'un seul principe monarchique, qu'un seul principe aristocratique, qu'un seul principe démocratique, il peut y avoir une foule de monarchies, d'aristocraties et de démocraties, qui diffèrent essentiellement les unes des autres; parce que les institutions destinées à garantir l'efficacité de ces divers principes sont l'ouvrage de l'homme, et sujettes à toutes les vicissitudes de sa fragilité.

CHAPITRE VI.

DE L'INITIATIVE DANS LES GOUVERNEMENS A INSTITUTIONS REPRÉSENTATIVES.

Pour qu'un gouvernement ait les qualités représentatives, avons-nous dit, il suffit que les trois grands intérêts de la société y soient représentés, et que les trois institutions dépositaires de cette faculté de représentation aient chacune dans leur sphère le libre arbitre de leur volonté. Mais quelle est celle des trois qui aura l'initiative de cette volonté, et qui par là indiquera aux deux autres la tendance du gouvernement, l'esprit de la loi et le but de l'administration?

Suivant que les antécédens historiques permettront de répondre, vous aurez trois natures de gouvernement tout-à-fait différentes. L'initiative est le gouvernail de ce vaisseau de construction nouvelle, qui a tant de tempêtes à craindre, tant d'écueils à éviter.

Le pouvoir aristocratique a-t-il, exclusivement aux deux autres, l'initiative de la loi; alors le gouvernement est une *aristocratie représentative*, un gouvernement soumis à la pensée du corps aristocratique, considéré comme souverain, comme principe, comme force motrice de l'État.

Le pouvoir démocratique a-t-il, exclusivement aux deux autres, l'initiative de la loi; alors le gouvernement est une *démocratie représentative*, un gouvernement soumis à la pensée du corps démocratique, considéré comme souverain, comme principe, comme force motrice de l'État.

Mais à son tour, enfin, le pouvoir monarchique a-t-il, exclusivement au pouvoir aristocratique et au pouvoir démocratique, l'initiative de la loi; alors le gouvernement est une *monarchie représentative*, un gouvernement soumis à la pensée du monarque, considéré comme souverain, comme principe, comme force motrice de l'Etat.

Voici donc trois gouvernemens tout-à-fait dissemblables, qui auront chacun leur principe particulier, et par ce principe une autre tendance, une autre direction et un autre but.

Je ne dis rien de l'initiative livrée à la concurrence des pouvoirs, parce que la nature des choses répugne à cette confusion des premiers mouvemens : peut-on concevoir un corps mécanique qui aurait plusieurs centres de forces motrices opposés entr'eux? peut-on concevoir un corps intellectuel qui aurait plusieurs centres d'intelligence ?

En Angleterre, les trois grands intérêts de la société, l'intérêt monarchique, l'intérêt aristocratique et l'intérêt démocratique sont représentés; donc, l'Angleterre est un gouvernement à institutions représentatives. Mais, en Angleterre, les chambres ont, exclusivement au monarque, l'initiative de la loi ; donc l'Angleterre ne peut être qu'une aristocratie ou une démocratie représentative. Et en effet les annales de l'Angleterre déposent que, depuis le tems où les rois ont été dépouillés de l'initiative, le gouvernement anglais a été tantôt une démocratie orageuse, sous l'influence de la Chambre des communes, tantôt une immense aristocratie sous l'influence de la Chambre des pairs.

L'idée qu'un gouvernement est monarchique, toutes les fois qu'il y a un monarque parmi les pouvoirs de la société, est pour ainsi dire puérile. A la différenec des corps physiques, c'est la volonté et non l'action qui fait l'essence des corps moraux : c'est donc celui des trois pouvoirs auquel appartient l'initiative de cette volonté, qui détermine la nature du gouvernement.

Les Anglais ont mis un voile sur la royauté. Il l'ont reléguée au fond d'un sanctuaire, d'où ils la sortent à certains jours d'apparat, mais toujours au profit d'un autre pouvoir que le sien : et, bien que le monarque continue encore à prêter au gouvernement la majesté de son nom, il y a là plus d'illusion que de réalité, plus de résignation que de puissance.

En France, les trois grands intérêts de la société sont représentés par trois institutions spéciales ; donc la France a un gouvernement à institutions représentatives. Mais en France le Roi a, exclusivement aux chambres, l'initiative de la loi : donc la France est une monarchie représentative : donc le principe monarchique domine tout notre système : il en est le seul pivot : seul il peut transmettre à l'ensemble des institutions sa nature et son essence.

Sans doute il y a des conditions inhérentes à tout gouvernement qui admet la représentation des trois grands intérêts de la société. Ainsi dans aucun gouvernement à institutions représentatives, que ce soit une monarchie, une aristocratie ou une démocratie, on ne peut se passer d'une chambre élective. Mais, pour être en harmonie avec le principe monarchique, la chambre élective doit être soumise à d'autres lois que pour être en harmonie avec le principe aristocratique ou démocratique.

Dans aucun gouvernement à institutions représentatives, que ce soit une monarchie, une aristocratie ou une démocratie, on ne peut se passer de la liberté de la presse ; pas plus que dans le tems où les affaires se décidaient par le combat, on aurait pu se passer d'armes. La presse est l'arme du combat représentatif. Mais, pour être en harmonie avec le principe aristocratique, la loi de la presse doit être autre que pour être en harmonie avec le principe monarchique ou démocratique.

En un mot, toute loi faite pour régler le mode d'exercice d'un gouvernement, et qui tend à altérer son principe, ou qui même, sans l'altérer, ne le fortifie pas par son identité d'esprit et de but, en se montrant comme un jet sorti du même rameau, dérive d'un principe autre que celui auquel elle est destinée, et expose l'État à tous les inconvéniens qui résultent d'un défaut d'harmonie entre les institutions et le principe du gouvernement. Je reproduirai à tout instant et sous toutes les formes cette vérité, parce qu'elle est la base de toute organisation politique.

Si, dans une aristocratie, vous manquez d'institutions ou de lois propres à garantir le principe aristocratique, ou si vous y faites des lois qui dérivent du principe monarchique, plus tôt ou plus tard il doit y avoir une révolution favorable au principe monarchique. De même, si, dans la monarchie, vous manquez des lois propres à garantir le principe monarchique, ou, si vous en faites qui dérivent, soit du principe aristocratique, soit du principe démocratique; les eussiez-vous faites au cri mille fois répété de *Vive le Roi*, plus tôt ou plus tard vous aurez une révolution qui sera favorable, soit au principe aristocratique, soit au principe démocratique. Le monde politique est, comme le monde physique, soumis à des lois indépendantes de nos sophismes; et, sans que notre opposition ou nos vœux y puissent rien changer, chaque loi, chaque institution produit invariablement les effets qui lui sont propres.

Qu'est-ce donc qu'une monarchie quand elle est représentative? où est son point d'appui et son centre de mouvement? de quel ordre d'idées doit-elle tirer ses règles et ses combinaisons? comment les institutions seront-elles combinées de manière à garantir l'efficacité de l'initiative royale, à maintenir le Roi toujours en évidence, toujours sur le trône ?

De toutes ces questions si importantes à connaître, si indispensables à approfondir, il n'y en a pas une seule qui soit fixée ni par la loi ni par l'opinion.

On croit vaguement qu'il n'y a qu'une sorte de gouvernement représentatif, à peu près comme il n'y a qu'une sorte de physique et de géométrie, et que le gouvernement de la Grande-Bretagne est le type des idées appropriées à cette position ; de sorte que, si nous voulons garantir notre nouvel ordre politique, on ne nous laisse d'autre ressource que de marcher sur les traces du peuple qui depuis longtems jouit de tous les avantages d'un ordre politique semblable.

Ce n'est pas seulement dans nos foyers domestiques, dans les journaux, dans les brochures qu'on soutient cette doctrine ; c'est au sein même des pouvoirs de la société. Le peu de personnes qui la contestent, se montrent aussi embarrassées que celles qui la défendent.

Comme ils n'ont pas plus que leurs adversaires une idée juste de la différence entre les institutions et les principes, ils invoquent tour-à-tour les principes du gouvernement représentatif, et les principes du gouvernement monarchique, ne pouvant donner d'autre motif de leur préférence que les besoins de leur argumentation.

Tout est à créer ici. *Prolem sine matre*..... Il faut en même tems faire la science et en cueillir les fruits; parce que la France est la première qui ait tenté d'appeler les institutions représentatives à la garantie du principe monarchique. Si toutefois il est vrai que la monarchie diffère de l'aristocratie, il ne l'est pas moins que, bien loin qu'il faille transporter en France une loi, par la raison qu'elle existe en Angleterre, il suffit au contraire qu'elle soit bonne dans ce pays, pour qu'elle soit dangereuse dans le nôtre.

Dans le cours de ce travail, j'espère arriver à cette démonstration; mais d'abord, je dois pénétrer plus avant encore dans mon sujet. Ce n'est pas, comme on le voit, sur une question incidente et isolée, que je diffère de l'avis général, c'est sur tout un système. Il en est de ce débat, comme de celui qui aurait lieu sur des matières religieuses, entre des hommes de religions différentes. Prouver séparément tel ou tel dogme, ce serait perdre son tems. En isolant les vérités, on n'en fait sentir ni la force ni l'étendue; on les dépouille de leurs moyens de conviction. J'ai affaire à des sectaires ou à des incrédules, c'est la religion de la monarchie représentative tout entière qu'il faut leur démontrer.

CHAPITRE VII.

ÉTAT DE L'ANGLETERRE.

L'Aristocratie est un très-bon élément de gouvernement; c'est l'institution la plus conforme aux besoins de la société. Mais, considérée comme principe, comme force motrice de l'État, comme pouvoir dominant, comme tenant dans sa dépendance les pouvoirs monarchiques et démocratiques, elle présente des difficultés qui paraissent insurmontables, même après l'exemple de l'Angleterre qui les a surmontées.

La plupart de ceux qui ont considéré le gouvernement de la Grande-Bretagne, je n'en excepte pas les Anglais eux-mêmes, ne se sont arrêtés qu'à sa surface, et n'en ont pu porter qu'un faux jugement. Les signes extérieurs de son mécanisme frappent tous les regards; on en croit l'organisation toute simple et même l'imitation facile. Mais, pour transformer ces impressions en idées, il faut reprendre les choses de plus haut.

L'Angleterre ne doit pas sa suprématie aristocratique à des combinaisons et à des théories. Ce sont cinq cents ans de victoires et d'usurpations sur le pouvoir monarchique qui l'ont amenée au point où nous la voyons aujourd'hui. Ce sont ses propres événemens, qu'elle a érigés en maximes et en principes, qui la retiennent dans la position extraordinaire où ils l'ont placée.

Il y a peu d'années qu'un amas d'eau extraordinaire, produit de la fonte inusitée des neiges qui couvrent éternellement les Alpes, entraîna dans son cours imprévu et les rochers et les habitations. Parmi ces rochers on en remarquait un qui paraissait se soutenir contre les lois de la pesanteur et de l'équilibre : le voyageur ne passait sous sa voûte menaçante qu'avec une admiration mêlée de terreur. Cependant il était là depuis des siècles, et, il y serait resté des siècles encore, sans cette catastrophe de la nature.

Tel est l'emblème du gouvernement anglais, de sa position, et peut-être de son avenir.

Comme pouvoir politique, sa Chambre des pairs existe par elle-même: et c'est surtout à ce caractère qu'est attachée la souveraineté. Les membres qui la composent ont un même intérêt, une même position. Ils prétendent aussi avoir une même origine; car quand le roi déclare un nouveau pair, l'aristocratie, par une orgueilleuse fiction, suppose que ce pair avait perdu ses titres, et que le roi les a trouvés.

Par l'ensemble des combinaisons qui agissent dans tous les sens sur la chambre des communes, elle est dans la dépendance la plus absolue de la chambre des pairs. Dans une foule de bourgs sans habitans, ce sont eux qui nomment seuls les représentans du pouvoir populaire. La plupart des électeurs sont les fermiers des pairs: tout le sol britannique et jusqu'à la rue où la Chambre des communes tient ses séances, leur sont inféodés.

C'est ainsi que se trouve écartée, au profit du pouvoir aristocratique, l'une des plus grandes difficultés que l'on trouverait ailleurs dans une combinaison du même ordre; savoir, l'identité d'intérêt entre les deux chambres. C'est ainsi que l'initiative, laissée en apparence à la concurrence des deux pouvoirs, est effectivement en la possession exclusive du pouvoir aristocratique. Dès-lors aucun trouble, aucune dissension grave ne peuvent s'élever entre les deux chambres. Dès-lors l'unité de pensée, qu'on pouvait dire proscrite par la nature du gouvernement, est ramenée par une série d'incidens tous calculés au profit de l'aristocratie, telle qu'elle est parvenue à se constituer.

L'opposition elle-même est en harmonie avec le gouvernement. Son dissentiment avec le ministère ne porte que sur des questions incidentes ou sur le choix des moyens propres à arriver au même but. Est-elle vaincue ; rien d'important n'est ébranlé. Est-elle triomphante ; rien d'important n'est compromis. Dans cette lutte, ou plutôt dans ce jeu, comme il n'est question que de l'habileté à gouverner, comme il n'est question que du maintien ou de la chute de ceux qui gouvernent; bien que le ministère soit le prix du vainqueur, ce changement ne touche pas à de plus grands intérêts, et n'altère aucune des maximes du gouvernement.

Nulle part les priviléges ne sont plus nombreux qu'en Angleterre; nulle part ils ne sont plus respectés. Chaque corporation a les siens, et chaque profession a la sienne: et, afin que partout où il y a une source d'influence, si obscure qu'elle puisse être, elle ne puisse jamais être détournée au profit d'un autre pouvoir que du pouvoir aristocratique, les plus grands seigneurs font partie des corporations les plus humbles.

Dans ce pays, s'appuie-t-on sur une loi; nulle part elle n'a un si grand empire. Ne s'agit-il que d'un usage, d'un antécédent, d'un fait; cet usage, ce fait, la simple tradition, sont aussi puissans que la loi. C'est là, en Angleterre, non l'esprit du siècle, mais l'esprit des siècles.

Tout se trouve donc réuni dans l'aristocratie anglaise; le haut rang, la fortune, la clientèle, tous les genres, toutes les sources d'influence. Et il est indispensable que cela soit ainsi. Otez une seule de ces combinaisons, et le torrent, descendant de la montagne, entraînera le rocher.

Quel est donc le peuple qui voudrait courir un pareil hasard? quel est celui qui pourrait tenter une pareille organisation? Les circonstances qui l'ont produite une fois, ont depuis long-tems cessé d'être dans l'ordre des choses possibles.

CHAPITRE VIII.

ÉTAT DE LA FRANCE.

Qu'est-ce que notre pouvoir aristocratique auprès de celui dont je viens de tracer une légère esquisse? Pour caractériser l'aristocratie française, il faudrait faire une définition tout exprès; car rien de ce qui existe, soit en Angleterre, soit ailleurs, n'en peut donner une idée.

Notre Chambre des pairs offre un faisceau remarquable de notabilités politiques; mais une condition essentielle leur manque à toutes : c'est plutôt une haute individualité qu'un centre spécial d'influence, véritable caractère de toute aristocratie.

Comme pouvoir politique, elle n'a d'autre base que la volonté du monarque, et l'article de la charte, qui, en admettant deux noblesses, permet à l'une de reprendre ses titres, et à l'autre, de conserver les siens. La même révolution qui a créé la seconde de ces noblesses, avait détruit la première ; et celle-ci précédemment s'était déjà divisée, pour soutenir ou combattre cette même révolution, qui, en tel sens que nous nous tournions, ne cesse de nous presser de sa terrible influence.

En Angleterre, nous avons vu l'ensemble des faits politiques assurer tous les genres d'influence au pouvoir aristocratique. Chez nous, au contraire, l'ensemble des idées et des faits qui nous dominent depuis près de quarante ans, assure cette même influence à la chambre qui représente les intérêts démocratiques ; et c'est ici la place d'une réflexion, dont j'invite les hommes d'état à peser les conséquences.

Chaque pouvoir a ses affinités politiques et ses moyens d'agrégation. La tendance naturelle du pouvoir aristocratique est de resserrer tous les liens de l'ordre social, et par là d'attacher à ses intérêts tous ceux qui ont besoin de l'ordre public.

Le pouvoir démocratique a aussi ses affinités et ses moyens d'agrégation. L'anarchie a beau lui être funeste, il en approche de trop près pour pouvoir s'en garantir.

Il ne faut pas trop se rassurer par la composition actuelle de ce pouvoir. Ce n'est pas ainsi qu'on fonde les droits publics. On n'y fait pas dépendre les garanties sociales de la bonne ou de la mauvaise opinion de qui que ce soit. La démocratie est dans tout corps qui n'est pas lié par les lois spéciales, qui n'a pas une doctrine uniforme à laquelle tous ses membres indistinctement se soumettent. Elle est dans tout corps où chaque membre a le moyen de faire triompher sa volonté particulière sur toutes les autres volontés. La monarchie a des règles invariables : pour la perdre, il ne faut que s'arroger le droit de la défendre à sa manière.

Quant à nos oppositions,(car nous en avons deux) examinées dans leurs rapports entre elles, elles présentent des aversions si invincibles, et des incompatibilités si profondes, qu'on dirait qu'elles ne pourront jamais vivre en paix. Mais, examinées ensuite dans leur rapport avec le ministère, elles s'entendent entre elles sur ce point qu'elles désirent également le renverser, n'importe laquelle des deux devra le remplacer.

La situation du gouvernement est le résultat tout à la fois de cette lutte et de cet accord. Il ne faut pas s'abuser : ces deux oppositions sont inhérentes à notre état. La France offre le spectacle d'un combat entre deux doctrines entièrement opposées l'une à l'autre. Ces doctrines ont leurs exagérations qui sont représentées par les deux oppositions : et, à moins d'une combinaison nouvelle, à moins d'une combinaison qui détruise toute opposition systématique, le ministère en France se trouvera toujours entre deux armées belligérantes, sur un terrain étroit, qu'elles tendent tous les jours à rétrécir davantage.

Qu'ajouterai-je pour compléter ce parallèle de nos différences? La France n'a plus de priviléges, d'hommes, de villes, ni de provinces. Nous n'avons plus de corporations d'arts et métiers. Sous le rapport de la dépendance, l'ancien tiers-état n'a plus aucune classe au-dessus de lui. Comme individus et dans l'ordre civil, les membres du clergé sont descendus au rang de simples habitans. Nous n'avons plus de droit d'aînesse; partant plus de grandes propriétés. En un mot, toute notre surface politique est aussi monotone que celle de nos voisins est remplie de contrastes et d'aspérités.

Que peuvent les théories, que peuvent les sophismes et les argumentations contre cette spécialité des deux pays? Il y a des traits primitifs d'origine, de mœurs, d'organisation sociale, qui font la différence des peuples; et il faut regarder comme intransmissibles d'un pays à un autre, les institutions qui se rattachent à ces traits distinctifs. L'Angleterre et la France n'ont rien de commun. Tout y est dissemblable, jusqu'aux bases de l'ordre social, jusqu'aux élémens de l'état civil: ils ne peuvent donc rien s'emprunter l'un à l'autre.

Tout se tient chez un peuple, tout y est à sa place, quand rien n'y est isolé ; mais celui qui voudrait nous approprier ce simple sac de laine sur lequel s'assied à Westminster le lord chancelier, n'oublie qu'une seule chose, c'est que les causes politiques ne se déplacent point, et que ce sac n'est pas plus facile à transporter que la forêt de Windsor, que l'Angleterre tout entière.

CHAPITRE IX.

CE QUE NOUS DEVONS EMPRUNTER A L'ANGLETERRE.

Je dois le dire, nous sommes entrés dans la monarchie représentative sans la connaître; et nous en avons cherché les règles, les ressorts, les moyens, non dans nos mœurs, non dans notre Charte, qui l'avait fondée; mais dans les mœurs, dans la Charte d'un pays voisin, où des institutions qui portent le même nom, servent de point d'appui à un principe tout-à-fait différent.

Cependant, l'exemple de l'Angleterre ne doit pas être entièrement perdu pour nous. Ce que les événemens ont fait, dans ce pays, pour la garantie de son principe aristocratique, il faut le faire chez nous pour la garantie de notre principe monarchique. Il faut que la France réunisse, pour empêcher son gouvernement d'être autre chose qu'une monarchie, des moyens non pas semblables, mais analogues, mais de la même infaillibilité que ceux employés par l'Angleterre, pour empêcher le sien d'être autre chose qu'une aristocratie.

En effet, ce n'est pas pour détruire ce qu'il y a d'esprit royal et dynastique en France, que la Charte a établi les institutions représentatives; mais, au contraire, pour appeler à l'appui de cet esprit tous les moyens dont peuvent disposer ces nouvelles institutions. Nous avons changé de moyens, mais non de but. Le Roi a donné une nouvelle forme à la monarchie pour la mieux affermir, pour lui fournir, contre des difficultés autrefois inconnues, de nouveaux moyens d'action, des ressorts plus vigoureux. Vouloir sortir de ce sens, c'est sortir de la monarchie elle-même.

En Angleterre, la proposition de la loi faite par les chambres se présente comme le signal sans lequel le corps politique ne peut se mouvoir. En France, au contraire, c'est le Roi qui, par son initiative, trace la route aux autres pouvoirs.

Nous avons vu tout à l'heure une partie des combinaisons à l'aide desquelles l'Angleterre a garanti l'efficacité de l'initiative aristocratique; voyons maintenant si des combinaisons aussi puissantes garantissent chez nous l'efficacité de l'initiative monarchique; voyons maintenant si chez nous comme chez eux les effets répondent aux apparences.

CHAPITRE X.

DES MINISTRES, CONSIDÉRÉS COMME ORGANES DE L'INITIATIVE ROYALE.

Si une obéissance passive sans conviction et sans esprit public était un lien social suffisant; si même, en se bornant à une soumission matérielle, il suffisait de commander pour être obéi, et pour assurer l'inviolable exécution des ordres de l'autorité, la science du gouvernement serait bien facile, ou plutôt ce ne serait plus une science.

Mais un peuple est un grand corps moral: ce n'est donc que par une force morale qu'il est possible de le conduire. Il a besoin de trouver dans les institutions qui le régissent, une image agrandie de sa propre raison, et comme un rayon de la Divine Intelligence qui gouverne le monde.

Cet appui de la force morale, si nécessaire en France, où l'on a toujours voulu tout connaître, tout discuter, tout juger, l'est devenu encore bien davantage, depuis qu'elle possède le système représentatif. Car le système représentatif est l'influence de l'opinion sur le gouvernement, et l'opinion est le grand ressort de la force morale.

Or, cette force s'acquiert ou se perd, s'accroît ou diminue, suivant que l'on emploie celle que l'on avait déjà, suivant que l'on est apte à recevoir celle dont on a besoin. Les masses la conservent mieux que les individus: et il faut regarder comme le côté faible de la royauté en France, je dis de l'ancienne comme de la nouvelle, d'avoir toujours eu pour adversaires de grandes corporations, tandis qu'elle n'avait pour appui que des hommes isolés.

Ici, je rentre dans le cercle tracé par la nature de mon sujet. Si l'institution, qui représente l'initiative royale, est disposée de telle sorte qu'elle puisse toujours moins conserver, moins exercer de forces morales que celles qui représentent les deux autres intérêts, l'ordre des choses est rènversé. Les institutions légalement subordonnées, sont moralement dominantes ; et alors une révolution est possible. C'est ainsi que cela s'est passé en Angleterre, c'est ainsi que cela pourrait se passer chez nous, si nous dénaturions nos institutions pour imiter les leurs.

Les qualités des rois ne peuvent rien changer à ces règles générales. Quel prince avait plus de vertus que Louis XVI ? Eh bien ! il lui a suffi d'admettre dans ses conseils un ministre étranger, imbu de maximes étrangères ; il lui a suffi, cédant au conseil de ce ministre, de consentir à un léger déplacement dans les proportions des pouvoirs de ce tems-là, pour produire cette commotion si profonde, qu'aujourd'hui même, tous les rois de l'Europe sont unis comme un seul roi, par le sentiment commun que les périls de la royauté ne sont pas encore passés.

C'est qu'un déplacement dans les proportions matérielles en amenait invariablement un dans les proportions morales, et qu'une révolution était l'infaillible conséquence de ce double mouvement.

Et quand après tant de calamités, il faut rétablir et l'ordre public et le gouvernement royal sur un nouvel appui, le problème à résoudre ne peut encore rouler que sur le choix des combinaisons propres à assurer à l'institution qui représente le principe du gouvernement, une telle proportion dans les forces morales, qu'elle ne puisse jamais être dépassée par celle que peuvent acquérir les institutions dépositaires des autres intérêts.

Les ministres seuls suffisent-ils pour remplir toutes les conditions de ce problême?

Les ministres sont peu nombreux;

Les ministres ont divers intérêts;

Les ministres sont responsables.

Ou ces trois conditions changent entièrement le caractère de l'initiative royale. Reprenons:

1° Les ministres sont peu nombreux. Placée entre les mains des ministres, l'initiative n'y a d'autre appui indispensable que celui de leurs personnes et de leur influence; appui bien insuffisant si on le compare à la nature de la force qui leur est opposée, et aux élémens dont cette force opposée se compose.

Sans doute une grande considération est attachée à des hommes qui, par la place qu'ils occupent, sont à la source de toutes les grâces, à des hommes que le monarque n'a investis de sa haute confiance que d'après la réputation de leur justice et de leurs lumières; mais quel désavantage dans la lutte qu'ils ont à soutenir !

Tandis qu'à peine sept à huit ministres parlent au nom du pouvoir royal, près de cinq cents députés parlent au nom du pouvoir démocratique; et rien n'a été négligé pour donner à cette réunion la plus grande force morale possible. C'est l'élite de la nation qui les nomme, qui les choisit, dans la vue de ses intérêts, et parmi tout ce qu'elle a d'hommes supérieurs en habileté, en fortune, en éloquence. Désignés par l'opinion elle-même, ils exercent son influence, puisqu'il sont ses organes.

2° Les ministres ont divers intérêts Comme liée aux divers besoins des ministres, la proposition de la loi s'éloigne du but de l'initiative royale, qui n'a qu'un seul besoin, celui du maintien inaltérable de la ligne monarchique. La situation des ministres se complique de toutes sortes d'embarras. Il faut que tous leurs projets s'appuient, et bien souvent se modifient. Pour faire passer une loi, à combien d'obscures transactions ne sont-ils pas réduits? Le moyen le plus sûr qu'ils ont est celui d'être, par cette même loi, dans les vues de la majorité; ce qui est le contraire même de l'initiative: puisque, au lieu de donner le mouvement, c'est le recevoir.

Sans doute la dignité du trône est que les propositions faites en son nom soient accueillies; mais c'est toujours avec cette condition absolue, qu'aucun succès ne s'obtienne en sacrifiant l'esprit et la tendance monarchique. L'initiative est ce qu'il y a de plus immuable dans l'action de la royauté. Il importe qu'elle soit, et non qu'elle passe. L'initiative a toujours fait assez, lorsque le principe du gouvernement est resté sans altération. Elle est toujours un but, jamais un moyen. Elle ne peut faire aucun sacrifice ; elle n'a aucun traité à conclure : parce que rien ne pourrait la dédommager.

Le dernier inconvénient de notre initiative est le plus grave de tous. Les ministres sont responsables.

Organes irresponsables de la capacité politique du monarque, ils sont encore les dépositaires responsables de son pouvoir exécutif. Ils peuvent avoir pour accusateurs et pour juges ces mêmes Chambres auxquelles ils doivent d'ailleurs donner le mouvement et la direction. Ces deux attributions ne sauraient s'allier.

En effet, quelle différence entre cette dépendance de ministres, entre cette situation sans stabilité, où l'initiative court tant de chances d'être altérée par des considérations étrangères, et l'auguste attribution qui nous représente la royauté au sommet de l'édifice social, dirigeant le cours de nos destinées, imposant silence aux tempêtes populaires, et élevant une invincible barrière entre elle et tous les genres d'usurpation !

L'essence ministérielle et l'essence de l'initiative royale sont donc comme incompatibles: et il me semble que la création d'une institution spéciale, destinée à représenter toute la capacité politique et morale de la royauté, dans la plus haute de ses prérogatives, est également indispensable à l'indépendance comme à la stabilité de tous les pouvoirs.

CHAPITRE XI.

DE LA NÉCESSITÉ D'UNE CHAMBRE DE L'INITIATIVE ROYALE.

Un homme, dont il faut rejeter les raisonnemens et les calculs, parce qu'il ne les rapportait jamais qu'à sa personne, mais dont il est utile de saisir les aperçus, parce qu'il avait l'instinct du pouvoir, traçait, sur le rocher de son exil, cette maxime, que je pourrais appeler sa sentence : « *Un gouvernement doit* » *toujours pouvoir remonter à son principe.* » En effet, comme son principe était la force; comme il n'avait rien pu placer ni au cœur, ni à la conscience des peuples, quand il lui fut impossible de remonter à cette force, il disparut.

Un corps législatif sans influence, les actes du gouvernement sans publicité, la presse esclave, les droits civils à chaque instant violés, un sénat faisant, au premier signal, toutes les lois qui lui étaient demandées; rien de tout cela ne peut s'appeler ni un principe de gouvernement, ni des institutions. Et quand ce système n'aurait pas eu le vice de son illégitimité, il n'aurait pas survécu un seul instant à la violence qui le faisait mouvoir. Le moteur ne l'ignorait peut-être pas. « *Après* » *moi*, disait-il, *les grandes funérailles.* » Ce qu'il ignorait certainement, c'est que l'époque en serait si rapprochée, c'est qu'il en serait le plus solemnel témoin.

Un principe de gouvernement qui n'a pas pour point d'appui une force morale, dégrade l'humanité, et ne la contient pas.

Le pouvoir royal est le principe de notre gouvernement. Pour que ce gouvernement puisse remonter à son principe, il lui faut une institution analogue à son essence.

L'initiative est le signal par lequel le pouvoir royal manifeste qu'il est ce principe. C'est donc à l'initiative qu'il faut des dépositaires à part; c'est donc pour garantir l'efficacité de cette initiative, qu'il faut une institution spéciale, qui concentre au profit de la royauté, toute la force morale qui lui est nécessaire pour remplir les conditions de son existence.

Le pouvoir royal ne doit avoir qu'un seul but; il lui faut donc des organes qui n'aient pas des buts divers, qui ne puissent pas faire de la puissance monarchique, l'instrument de leur propre puissance.

Le pouvoir royal est le plus indépendant des pouvoirs; il faut donc que ceux qui le représentent soient constamment sous l'égide de cette indépendance, qu'une fois admis dans le sanctuaire de la royauté, ils ne quittent plus la région de ses hautes pensées.

La manifestation de l'initiative n'est pas non plus l'initiative elle-même. Avant de faire connaître ses résolutions, elle doit les prendre, elle doit méditer et former ses plans. Il faut donc appeler à son aide toutes les supériorités, en tel lieu qu'elles puissent se rencontrer, pour que la proposition de la loi ne se présente jamais qu'escortée des plus imposans suffrages.

On voit comment, même en laissant aux ministres la part de leur position et de leur talent dans la formation comme dans la manifestation de l'initiative, une grande institution, UNE CHAMBRE DE L'INITIATIVE ROYALE, doit être fondée pour être le point d'appui spécial de la royauté, dans la plus importante de ses attributions.

Outre la représentation de l'initiative, cette Chambre suppléerait nos anciens parlemens dans l'exercice de celles de leurs fonctions qui ne sont plus compatibles avec l'administration de la justice. Elle remplacerait le conseil d'état dans celles qui exigent l'indépendance la plus absolue. La chambre de l'initiative doit pouvoir défendre avec le même succès les libertés publiques de la France et le pouvoir de son Roi.

Pour être en mesure de remonter sans cesse à son principe, le pouvoir aristocratique de l'Angleterre a été obligé de dénaturer les deux autres pouvoirs, et de ne leur laisser que l'illusion de leur titre. La monarchie a d'autres règles. La chambre de l'initiative royale ne tirera sa force que de la force même des autres institutions. Au lieu de dénaturer leur essence, elle la complétera.

Un léger aperçu du mode possible de sa composition expliquera plus clairement ma pensée.

Dix pairs ecclésiastiques;

Dix pairs laïques;

Dix députés élus par les colléges de départemens;

Dix députés élus par les colléges d'arrondissemens;

Trois grands officiers de la couronne;

Trois ministres d'Etat;

Cinq officiers supérieurs des troupes de terre;

Cinq officiers supérieurs des troupes de mer;

Trois conseillers d'Etat;

Deux maîtres des requêtes;

Cinq préfets, ayant au moins six années d'exercice;

Cinq maires, ayant au moins six années d'exercice;

Dix membres des cours de justice;

Deux membres de l'Institut; etc., etc.

Toutefois, il n'est pas nécessaire que cette chambre soit aussi nombreuse que celle qui représente les deux autres intérêts; car c'est surtout d'influence morale qu'il est ici question. Cent cinquante membres au plus, cent membres au moins, suffiraient à son importance comme au besoin de son service. Seulement le cadre ne devrait jamais être rempli. De grandes réputations peuvent se compromettre, des talens extraordinaires peuvent s'élever; la chambre de l'initiative doit toujours être en mesure de maintenir sa suprématie.

Ses membres seraient à vie;

Les délibérations soit sur les projets de lois, soit sur les projets d'ordonnances, ne pourraient être prises qu'à la majorité des deux tiers des voix.

La chambre serait présidée par le roi.

Le nombre de ceux que S. M. désignerait

pour aller défendre ses propositions dans les deux autres chambres, ne pourrait être moindre de vingt.

La place que les membres de la chambre de l'initiative devrait occuper dans les deux autres chambres, serait aussi désignée par le roi lui-même: et cette précaution a son degré d'utilité. Le banc des ministres, aux Chambres, n'est pas placé convenablement pour la prérogative que les ministres représentent. C'est au législateur et non à l'architecte qu'il appartient de tracer le plan de l'enceinte réservée aux délibérations des pouvoirs de la société.

Peut-être dans tout ceci m'accuse-t-on de m'éloigner des idées reçues. Qu'est-ce que cela ferait après tout, si je ne m'éloigne pas du but qui nous est commun à tous? mais on verra du moins que je ne m'éloigne pas des formes consacrées par nos antiques annales: au contraire, je m'y rallie.

Nous voulons absolument imiter; nous voulons nous conduire au sommet de la carrière, comme un peuple ignorant et barbare qui commence la sienne. Nous voulons prendre les Anglais pour modèles ; mais c'est chez nous que les Anglais ont puisé ces mêmes institutions que nous allons leur redemander après qu'ils les ont travesties.

Sous nos anciennes et vénérables dynasties la loi se faisait dans des assemblées représentatives. Le roi n'a eu besoin en quelque sorte que de rajeunir nos institutions pour en faire un ordre politique, qui, sans être une nouvelle monarchie, fût un nouvel état de la monarchie; qui la continuât et la recommençât tout à la fois.

Si sur ce point on trouve nos capitulaires et nos autres monumens équivoques, que l'on écoute Tacite, l'historien de nos pères et le père de notre histoire.

« La puissance de leur roi, (1) dit-il, n'est » point absolue, » *nec regibus libera aut infinita potestas.*

Ainsi, dans notre France, la liberté est aussi ancienne que la royauté.

(1) *De moribus Germanorum.*

« Un conseil d'élite statue sur les affaires de » peu d'importance : » *de minoribus principes consultant :*

Telle est l'origine de notre législation d'*ordonnance*. Nous allons voir tout à l'heure quelle était la destination plus spéciale de ce conseil d'élite.

« Les affaires d'un grand intérêt sont décidées dans l'assemblée générale : » *de majoribus omnes :*

Dans cette assemblée générale se réunissaient ceux qui avaient alors la jouissance des droits politiques, les éligibles de ce tems-là, ceux que, par désignation privilégiée, on appelait *hommes du peuple* (gentis homines), dont sans trop d'altération nous avons fait *gentil-homme*, et les Anglais, *gentle-man.*

« De sorte toutefois, continue Tacite, » QUE LES AFFAIRES MÊMES QUI ÉTAIENT DÉCIDÉES DANS L'ASSEMBLÉE GÉNÉRALE ÉTAIENT » PRÉALABLEMENT DISCUTÉES DANS LE CONSEIL » D'ÉLITE : »

Ita tamen ut ea quoque quorum penès plebem arbitrium est, etiam apud principes prætractentur.

Voilà la chambre de l'initiative royale; voilà la Chartre tout entière.

CHAPITRE XII.

DE LA NOMINATION DES MINISTRES ET DE LA DISSOLUTION DE LA CHAMBRE ÉLECTIVE, DANS LA MONARCHIE REPRÉSENTATIVE.

Le Roi propose la loi;

Le Roi nomme les ministres;

Le Roi dissout la chambre élective.

Ces trois attributions constituent la suprématie législative de la couronne.

Dans les chapitres précédens, j'ai fait voir comment la première de ces attributions, livrée aux seuls ministres, se trouvait dénaturée, et comment une chambre destinée à être l'organe spécial du Monarque dans l'acte le plus important de son libre arbitre, était nécessaire. Je vais montrer dans celui-ci que sans cette création les deux autres attributions royales, la nomination des ministres et la dissolution de la chambre élective n'auraient pas plus de garanties que la première.

Quand le Roi a choisi ses ministres pour représenter les actes de son libre arbitre, pour point d'appui de son autorité législative; la difficulté d'exercer efficacement cette autorité n'est pas levée, elle n'est que reculée. Les ministres à leur tour sont obligés d'aller chercher un point d'appui à leur autorité particulière dans les deux chambres, et spécialement en France dans la chambre élective.

Aussitôt qu'une chambre sait que le ministère ne peut s'appuyer que sur elle, lui, de son côté, n'ignore pas que la garantie de son existence est dans son parfait accord avec cette chambre. Désormais, ce sera donc la majorité de la chambre qui fera la destinée des ministres. De là à la nécessité de ne pouvoir les choisir que dans la chambre qui fait leur destinée, la conséquence est de rigueur. Un cercle est dès-lors tracé, hors duquel le monarque ne peut user de son pouvoir. Par son droit, c'est bien à lui de nommer ses ministres pour soutenir et faire adopter ses plans par la majorité des chambres. Mais par le fait, c'est la majorité des chambres qui, sauf l'impropriété des termes, se fait des ministres pour les propositions qu'elle désire qui lui soient soumises.

C'est ainsi que cela se passe en Angleterre, et cette conséquence du système anglais est une de celles qui sont le plus contraires à la prééminence monarchique.

Tout puissant qu'est le pouvoir aristocratique en Angleterre, le pouvoir royal fait cependant partie du gouvernement anglais. Il a dans ses attributions l'exécution des lois, la surveillance de l'administration, la représentation de la majesté nationale et de la puissance publique, les traités au-dehors, la paix, la guerre, la direction suprême des forces de terre et de mer.

Comment est-il possible, avec de si hautes prérogatives, que le roi d'Angleterre soit cependant hors de la direction des affaires et de la tendance du gouvernement?

Ce moyen, selon moi, est celui à l'aide duquel la majorité parlementaire impose des ministres au roi. C'est ainsi que le pouvoir aristocratique a attiré à lui, et comme fondu dans son essence, le principal attribut du pouvoir monarchique.

En Angleterre, cette position du Monarque est forcée. Comme il n'a pas le droit légal d'intervenir dans les débats qui préparent la loi; comme il n'y participe que par sa sanction; s'il ne prenait pas ses ministres dans les chambres, il serait dans un péril de tous les instans; il serait sans moyen de repousser aucune attaque: au lieu que, par ce détour, ses ministres font, ou combattent, comme membres des chambres, les propositions qu'il leur serait interdit de combattre ou de faire comme ministres du Roi. Le roi d'Angleterre trouve donc sa sécurité dans le lien même de sa dépendance.

En France, c'est le Roi qui propose la loi; c'est le Roi qui la sanctionne; c'est le Roi qui la publie; et cependant, par le seul fait du défaut d'institution garante de l'efficacité de sa proposition, il se trouve dans une position presqu'aussi dépendante que celle du roi d'Angleterre.

Examinons maintenant si le Monarque sera plus heureux dans la faculté que la Charte lui confère, de dissoudre la chambre élective: et, pour cela, établissons comme supposition l'acte le plus simple du pouvoir royal, le renvoi d'un ministre qui a la majorité dans cette chambre. Ce renvoi ne peut guère s'effectuer dans l'état actuel de notre organisation qu'en la dissolvant, pour changer sa majorité. Si éloignée que cette proposition soit aujourd'hui de toute application, il est indispensable de la prévoir. Il y a plus d'un ministère comme plus d'une chambre possibles. Il ne faut donc pas s'arrêter à la situation d'une chambre ou d'un ministère, parce qu'ils conviennent à la position dans laquelle nous sommes.

La chambre qu'il s'agira de dissoudre sera liée au ministre par son crédit sur lui. Elle aura fait entrer ses amis et ses auxiliaires dans les places les plus importantes; elle n'aura enfin négligé aucun moyen d'augmenter ses partisans dans les corps électoraux. Ajoutons que quand la majorité d'une chambre, par la nature de ses élémens, représente non-seulement la majorité des suffrages des corps électoraux, mais encore un grand parti dans le pays, ce qui sera l'état de la France, jusqu'à ce qu'une nouvelle combinaison ait dérangé ces élémens, ajoutons, dis-je, que son influence, agrandie de toute l'action et de toutes les ramifications de ce parti, devient incalculable. Si alors elle est forcée de lutter sur le terrain des élections contre le monarque lui-même, il est possible que ce ne soit pas le monarque qui l'emporte.

En Angleterre, un triomphe de ce genre, le triomphe d'une majorité parlementaire ramenée par des élections nouvelles, ajoute à la force du principe aristocratique. Le roi n'est pour rien là-dedans. C'est une lutte d'aristocratie à aristocratie. Le monarque ne fait que consulter les électeurs, comme dans un coup équivoque on s'adresse à la galerie.

Mais, dans la monarchie, ce serait le Monarque lui-même qui serait vaincu. Comment, dans cet état, ferait-il pour remonter à son principe? comment trouverait-il dans les élémens qui le constituent un mode de dégager sa position? Ainsi, à moins d'une garantie nouvelle, on peut prédire l'époque où les trois grandes prérogatives de la couronne seraient usurpées; et qu'on ne s'étonne pas de ce mot: tous les usurpateurs ne sont pas des conquérans. A moins d'une garantie nouvelle, on peut prédire l'époque où le roi ne conserverait plus que le nom des avantages qu'il aurait perdus; comme à la suite des traités les plus funestes, on garde encore nominativement le titre des souverainetés que l'ennemi vient de vous ravir.

CHAPITRE XIII.

DE LA FORCE D'INERTIE OU DES POUVOIRS D'OPPOSITION DANS LA MONARCHIE REPRÉSENTATIVE.

QUELQUE force que puisse avoir la prérogative royale, ayant pour point d'appui une chambre de l'initiative, il reste toujours aux deux autres chambres la liberté la plus entière de rejeter ses propositions. Toutes les fois qu'il s'agit du concours à la confection des lois, chaque pouvoir a son action propre qu'il dirige d'après sa volonté et son intelligence.

Mais, dans la monarchie représentative, ce pouvoir des chambres aristocratique et démocratique, n'est qu'un simple *pouvoir d'opposition*, qu'une simple *force d'inertie*. C'est le rivage à la mer. Soit qu'elles adoptent ou qu'elles rejettent, cela ne doit avoir aucune influence sur le sort d'aucune partie de l'administration.

Telle est, à l'application, l'extrême différence entre l'opposition monarchique et l'opposition aristocratique, entre l'opposition française et l'opposition anglaise.

Ce que l'Angleterre entend par *majorité* et par *opposition* est une sorte de jeu parlementaire, une convention dont les règles sont scrupuleusement observées, bien qu'elles n'aient jamais été écrites. Quand la majorité n'atteint plus un certain nombre de voix, les deux tiers à peu près, et qu'elle a épuisé tous les moyens de les reconquérir, elle cède sa place à l'opposition. C'est à peu près le jeu de barres de nos enfans : celui qui perd les barres prend la place de celui qui les gagne ; et la partie recommence, toujours d'après les mêmes conditions. Les joueurs n'ont fait que changer de place.

On voit facilement comment il est indispensable qu'en Angleterre, cela soit ainsi. Sans cette rotation du pouvoir sur lui-même, l'aristocratie deviendrait une oligarchie; et l'oligarchie n'est pas compatible avec les formes représentatives.

En France, ce n'est pas seulement au pouvoir ministériel que les deux oppositions aspirent. L'ambition des deux côtés est d'avoir les moyens nécessaires pour faire passer les lois qui dérivent du système particulier que chacune d'elles a adopté. L'une comme l'autre nous menace à l'instant même du triomphe de ses intérêts particuliers sur tous les autres intérêts. Chaque changement de ministère chez nous, est une petite révolution.

Loin donc qu'il faille sur ce point, comme sur aucun autre, imiter l'exemple de l'Angleterre, la plus grande faute que puisse faire un roi de France, c'est de laisser l'*opposition systématique*, l'opposition à l'anglaise, devenir le chemin du pouvoir. Il attente par là, autant qu'il est en lui, au principe de son gouvernement : c'est une sorte de suicide politique.

Un membre de la chambre des députés, M. *Réveillère*, dans un discours prononcé à la dernière session, et qui n'a peut-être pas été autant remarqué qu'il devait l'être, en avait déjà fait l'observation. Toute opposition systématique, a-t-il dit, toute opposition qui censure indistinctement les divers actes du ministère, dans le dessein de les remplacer, est contraire au principe monarchique et aux mœurs françaises. Cette proposition est de toute justesse.

L'opposition monarchique est une opposition de conscience et d'honneur : si celle-là n'existait pas, il faudrait l'inventer. Elle repose sur le droit de deux des grands pouvoirs de la société, d'empêcher celles des volontés du monarque qu'ils regardent comme contraires soit aux intérêts publics, soit seulement aux intérêts privés qu'ils représentent, elle repose, dis-je, sur leur droit d'empêcher cette nature particulière de volontés, d'arriver jusqu'à la société, et d'être converties en loi. Elle est la raison même de la constitution de ces pouvoirs; elle est le système représentatif tout entier.

Quelque justes, quelque raisonnables que soient les propositions de la chambre de l'initiative, on peut les supposer plus justes et plus raisonnables encore : la nature n'ayant donné à personne une si grande supériorité d'intelligence, comparablement à tous les autres qu'en les choisissant pour organes, il soit consant qu'ils aient toujours raison. Il est donc utile que les pouvoirs d'opposition montrent sans cesse ce mieux vers lequel il est possible de tendre. Quelque juste, quelque raisonnable que soit la conduite d'un ministère, il y aura toujours une portion de la population qui censurera cette conduite, et qui en désirera une autre. Mais quand les débats sont jugés, les organes mêmes de cette portion inquiète et difficile sont les premiers à donner l'exemple de l'obéissance, et prêtent ainsi au principe du gouvernement la part de forces morales dont ils disposent. Il n'y a danger que si la fortune et les honneurs deviennent le prix de l'exagération.

Les pouvoirs d'opposition ont un bien autre avantage; ils attirent et concentrent à la tribune ces luttes politiques, qui, après quelques vains orages, y trouvent une solution légale; tandis que, séjournant au cœur de l'État, elles y pourraient déposer des germes de désorganisation et de mort. Si jamais nous prenons notre aplomb dans l'ordre représentatif; si nous parvenons à coordonner nos institutions nouvelles avec l'antique principe de notre gouvernement, on verra disparaître ces secousses violentes et inattendues, qui, de distance en distance, ébranlaient l'État jusque dans ses fondemens. Les changemens seront amenés, au fur et à mesure des besoins, par le seul fait de l'existence des pouvoirs d'opposition. Et c'est alors que se développeront tous les avantages du principe monarchique sur le principe aristocratique.

En Angleterre, on ne peut ni avancer ni reculer. L'action consiste à ne pas agir. Ce gouvernement ne peut céder sur aucun point. Il faut qu'il triomphe ou qu'il meure ; parce que ses vices font partie de ses avantages, et qu'on ne pourrait l'améliorer sans le détruire.

En France, pourvu que le pouvoir royal ne se laisse pas entraîner hors de la route monarchique, pourvu que les pouvoirs d'opposition ne deviennent pas des pouvoirs d'action ; pourvu que la force d'inertie ne devienne pas la force motrice, il n'y a pas le moindre péril à céder sur tous les autres points; parce que l'essence du pouvoir royal est d'atteindre à tous les moyens de satisfaire les besoins publics.

Mais comment empêcher la force d'inertie de devenir la force motrice? comment empêcher le rivage de devenir la mer? car cette inertie est vivante; ce rivage est animé.

CHAPITRE XIV.

DU POUVOIR DÉMOCRATIQUE DANS LA MONARCHIE REPRÉSENTATIVE.

CHAQUE gouvernement a un côté faible, un côté par lequel il périrait infailliblement si la sagesse du législateur ne parvenait à trouver un remède proportionné à l'étendue du péril.

Le côté faible de la monarchie qui admet les institutions représentatives, c'est que le pouvoir démocratique et la liberté de la presse, qui, par la nature du gouvernement, ne doivent être que de simples moyens d'opposition subordonnés au principe monarchique, par leur nature particulière, tendent sans cesse à l'indépendance et à la domination. Les lois constitutives du pouvoir démocratique et de la liberté de la presse sont donc les deux lois les plus difficiles de tout le système. Dans ce chapitre, je vais m'occuper de la première, réservant la seconde pour celui qui va suivre.

Si épuisées que ces questions puissent paraître, je crois pouvoir, en les pressant un peu, parvenir à en tirer de nouveaux aperçus.

En France, la difficulté d'une bonne loi constitutive du pouvoir démocratique s'accroît encore par le défaut d'institutions aristocratiques spécialement adaptées au besoin de notre monarchie, et, ce qui est bien pire, par la presque impossibilité de les créer.

L'aristocratie est un élément indispensable de toute monarchie, mais surtout de toute monarchie représentative : et cependant, dans nos tems modernes, rien n'est plus difficile à faire que de l'aristocratie. On l'aime et on la respecte, quand elle existe depuis longtems et sans contradiction; mais s'agit-il de l'évoquer de son ombre, au milieu d'une nation riche, éclairée et fière ; elle trouve alors pour adversaires tous les individus des autres classes, qui, pour fléchir devant cette prééminence, seraient obligés d'avouer leur infériorité : et une pareille concession n'est pas facile.

Partout l'esprit d'égalité, qui est comme

l'esprit particulier de la civilisation nouvelle, lutte avec opiniâtreté, non-seulement contre l'aristocratie politique, mais contre tous les genres de supériorité. Au lieu de se rallier à des protecteurs qui ne peuvent plus protéger, on se rallie à des opinions semblables aux siennes. La génération qui, dans peu, maîtresse du terrain, va nous remplacer tous, ne reconnaît pas d'autre dogme. La démocratie est dans toutes les têtes. Celles-là mêmes qui s'en croient le plus exemptes n'en sont pas le moins imprégnées. Elle a pénétré jusqu'au cœur du peu d'aristocratie qui nous reste ; et c'est peut-être sous cette étrange livrée qu'elle est destinée à exercer de nouveaux ravages.

Dans la combinaison des moyens propres à constituer le pouvoir démocratique, comme pouvoir subordonné, le législateur a donc à lutter contre l'insuffisance des tems et presque contre la nature des choses. Avant d'indiquer quels ils peuvent être, je dois rappeler les idées qui font la base de ce travail, afin que l'on aperçoive du moins l'harmonie de mon sens, afin que l'on aperçoive du moins que celles que je vais émettre, dérivent invariablement de celles que j'ai déjà émises.

Nous avons dit qu'il y avait trois sortes de souveraineté : la souveraineté monarchique, la souveraineté aristocratique et la souveraineté démocratique. La question de savoir de quelle nature est la nôtre a toujours été hors de débat. C'est le roi, en France, qui est la source de tous les pouvoirs ; c'est le roi qui est le seul souverain : et ce n'est pas dans l'intérêt du roi ou par sa volonté que ce principe existe, c'est dans l'intérêt public; c'est parce que l'essence de toute souveraineté est de produire toutes les parties de l'ordre public, et qu'on ne peut pas plus contester cette prérogative à la souveraineté monarchique, qu'on ne la pourrait contester à la souveraineté aristocratique ou à la souveraineté démocratique.

Ces points étant établis, il ne s'agit plus que d'en déduire les conséquences. Celle qui se présente naturellement à l'esprit, c'est que, chez nous, le pouvoir démocratique émane du roi comme tous les autres pouvoirs. Les électeurs, en exerçant le droit que la Charte, leur attribue dans le choix des membres qui doivent composer ce pouvoir, n'exercent aucun droit qui leur soit personnel; ils ne sont que les délégués du roi, ils ne sont que de simples instrumens, employés par lui pour procéder à des élections qui entrent dans ses plans.

Le député à son tour n'est pas le délégué de l'électeur, quoiqu'il soit nommé par lui. C'est pour cela que celui-ci ne peut pas donner de mandat, et que celui-là n'en peut pas recevoir. Le député est aussi un simple instrument employé par le roi pour concourir à la formation d'une loi qui entre dans les plans du roi. Le député n'est donc légal qu'autant qu'il est confirmé soit tacitement, soit formellement par le roi. La formule des *lettres closes* par lesquelles le monarque permet au député d'assister à la séance royale, est une sorte de pressentiment de cette haute prérogative. Toute doctrine opposée est excentrique, c'est-à-dire dérive de la souveraineté aristocratique ou de la souveraineté démocratique.

Cependant la faculté d'élire et d'être élu serait illusoire, si le droit de confirmer formellement les choix n'était restreint dans la stricte limite du besoin de conserver la prééminence monarchique, et de faire de la force démocratique une simple force d'inertie. Car les droits mêmes de la souveraineté n'ont d'autre base que l'intérêt public.

Sur cent députés élus, quatre-vingt-dix-neuf devraient toujours être *tacitement* confirmés; mais le monarque aurait pu se réserver la faculté d'*une* confirmation *formelle*. Sur cinq cents élections, cela en ferait cinq seulement qu'il aurait dépendu de lui de ne pas ratifier. Je ne dis pas pour cela qu'il faudrait toujours qu'il annulât cinq élections; je dis seulement qu'il en aurait le droit, et que, pour la dépendance du pouvoir démocratique en matière d'élection, aucune autre précaution, aucune autre intervention, ne serait nécessaire.

Or, une loi ne peut être réputée bonne que quand il suffit de la mettre à exécution pour qu'elle produise les effets qui lui sont propres, sans qu'il soit besoin d'aucune assistance étrangère. Ce filtre, placé dans l'urne électorale, épurerait tous les choix. Personne ne donnerait son suffrage à un homme qu'il soupçonnerait devoir être écarté par le monarque. Supposons que cette loi ait existé; ôtons cinq députés au choix du monarque sur chacune des assemblées qui se sont succédé en France depuis bientôt un demi-siècle, et aucune d'elles ne sera révolutionnaire.

Un autre moyen à l'aide duquel le législateur peut réduire le pouvoir démocratique à n'être qu'une simple force d'inertie et d'opposition s'applique au mode de le renouveller. Ce moyen, nous l'avions; et nous l'avons abandonné, pressés que nous sommes toujours par le besoin d'imiter toutes les circonstances du système britannique.

Les ministres, (et je n'entends pas seulement les ministres actuels, car ceux-ci n'ont eu que l'occasion de pouvoir réaliser un plan que tous leurs prédécesseurs avaient formé), les Ministres, dis-je, ont pensé qu'une chambre modifiée tous les ans par l'entrée d'un nouveau cinquième, n'était pas pour eux un point d'appui suffisant; que le terme de sept années lui était nécessaire pour qu'elle pût s'associer à leurs projets. Ils ont pensé que le système représentatif reposait sur l'équilibre des pouvoirs, et que le meilleur moyen pour qu'ils se continssent réciproquement, était de leur donner à tous la plus grande force possible. Ils ont pensé enfin que la la septennalité était une conséquence presque forcée du gouvernement représentatif.

Sans doute il faut un point d'appui à l'initiative; mais la première condition est que ce point d'appui soit en harmonie avec le principe monarchique, afin qu'il soit toujours possible d'y remonter sans péril.

Les ministres ne disent pas assez quand ils disent qu'il faut conserver son point d'appui pendant sept ans: car c'est fixer l'époque où il est à peu près certain qu'on le perdra; et nous avons vu qu'il faut une institution bien plus durable, qu'il faut beaucoup aggrandir ce but.

Dans le gouvernement qui admet les institutions représentatives, comme il y a un pouvoir principal et des pouvoirs secondaires, les pouvoirs secondaires doivent être subordonnés au principe du gouvernement, et non en équilibre avec lui. L'équilibre des pouvoirs est une des grandes erreurs de la politique moderne. Nous savons comment la pratique anglaise diffère de cette théorie, que les Anglais ont accréditée. A l'idée d'équilibre est jointe celle du repos, et il faut qu'un gouvernement se meuve. Loin que les pouvoirs secondaires doivent être en équilibre avec le pouvoir principal, ils doivent au contraire être combinés de telle sorte, que, tout en remplissant la condition spéciale de leur existence, que, tout en produisant leur effet particulier, ils assurent un effet plus important, celui de l'efficacité du principe du gouvernement, celui de la conservation du pouvoir, auquel l'ordre et la liberté publique sont suspendus.

Quant à ce qu'on appelle les conséquences du gouvernement représentatif, nous n'ignorons plus qu'à proprement parler, il n'y a pas de gouvernement représentatif; nous n'ignorons plus que les formes représentatives s'appliquent aux trois seules gouvernemens qui puissent exister; qu'ainsi les modes de renouveler le pouvoir démocratique doivent être aussi distincts que les divers principes auxquels ils s'appliquent.

Si le principe du gouvernement est démocratique, tous les pouvoirs doivent être renouvelés intégralement le plus fréquemment possible. La démocratie redoute la durée de tous les genres d'influence; de là l'ostracisme. Pour conserver le principe du gouvernement, il faut périodiquement détruire les gouvernans.

Si le principe du gouvernement est aristocratique, la dynastie elle-même peut être exposée à un renouvellement, ainsi que cela s'est fait en Angleterre. Comme dans cette hypothèse le pouvoir démocratique doit être dénaturé, le mode de le renouveler peut n'avoir pas de règle fixe.

Mais si le principe du gouvernement est monarchique, la combinaison, qui laisse le moins de tems possible les deux autres pouvoirs dans leur état d'identité, est la meilleure;

parce qu'elle est le plus grand obstacle à ce que la force d'inertie puisse devenir la force motrice, à ce que le gouvernement du roi puisse devenir le gouvernement de l'une ou l'autre chambre.

Quelle différence alors entre une chambre divisée en séries d'une durée inégale qui ne peut se considérer ni comme un parti, ni comme un corps permanent, et une chambre septennale qui a le tems de donner un esprit de corps à sa majorité, en sachant que, dans un espace de tems fort long, elle ne peut être ni modifiée ni ébranlée; qui peut se créer un but, des intérêts; dont tous les membres, devant rester ou sortir ensemble, placent leur force dans leur union et se regardent comme solidaires les uns des autres!

On a traité de réglementaire la disposition qui substitue un renouvellement intégral tous let sept ans, au renouvellement par cinquième chaque année: on s'est encore étrangement trompé. L'article qui prescrivait le renouvellement par cinquième est, après celui qui confère au roi l'initiative de la loi, le plus monarchique, partant, le plus fondamental, le plus constitutionnel de la Charte. L'un établit le gouvernement du Roi; l'autre empêche le gouvernement de la Chambre.

Avant la septennalité, le pouvoir royal était effectivement sans point d'appui analogue à son essence, puisque nous n'avons pas de chambre de l'initiative royale; mais comme, par l'effet de la modification annuelle du pouvoir démocratique, la Chambre des députés ne pouvait prendre consistance, on peut dire qu'il y avait entre les pouvoirs harmonie de faiblesses. Par la septennalité, les proportions ont été dérangées; et le pouvoir royal a perdu tout ce que le pouvoir démocratique a gagné. Dès la fin de la dernière session, les ministres ont pu s'apercevoir qu'ils avaient obtenu autre chose que ce qu'ils avaient demandé; ils le verront bien mieux encore dans la prochaine. En France, l'avenir n'a pas l'habitude de se faire attendre.

Or, voici ce qui arrivera. Ou la chambre élective s'emparera ostensiblement de l'initiative ; et alors le principe monarchique sera détruit. Ou le roi voudra maintenir le principe de son gouvernement ; et alors, au lieu d'un renouvellement partiel tous les ans, il sera forcé à un renouvellement intégral tous les deux ans. La loi des affinités politiques n'est pas moins invariable que celle des affinités physiques. En Angleterre, la septennalité a été une des conséquences de l'initiative des chambres ; en France, l'initiative des chambres doit devenir une des conséquences de leur septennalité.

CHAPITRE XV.

DE LA LIBERTÉ DE LA PRESSE DANS LA MONARCHIE REPRÉSENTATIVE.

Le but des institutions représentatives, à tel principe particulier qu'on les applique, est qu'une nation, par le concours de ses lumières, exerce une influence quelconque sur la marche de son gouvernement. Cette influence n'est pas possible sans le droit de discuter ses actes. Telle est la raison de la liberté de la presse, érigée en droit public.

Je dis, érigée en droit public; car, depuis la découverte de l'imprimerie, on a toujours eu la faculté de s'en servir comme d'un instrument matériel de publication. Chaque individu éprouvant un tort personnel, avait le droit de s'en plaindre par la voie de la presse. Ce n'était là qu'un droit privé. Pour en faire un grand moyen d'influence, pour l'introduire comme rouage dans la machine à gouverner, il fallait le transformer en droit public: et c'est ce qu'a fait la Charte.

Maintenant, il faut ajuster ce rouage avec assez de précision, pour que non-seulement il ne trouble pas tout le mécanisme, mais encore pour qu'il reste subordonné au ressort principal. L'Europe, en travail depuis quarante ans, semble désespérer tous les jours davantage de la solution de ce problème. On dirait, pour me servir d'expressions qu'on attribue à M. le duc de Polignac, on dirait « *que la société a inventé plus fort qu'elle.* » En effet, depuis cette découverte, en politique, en administration, en finances, tout a changé: et les grands hommes des tems anciens échoueraient peut-être devant nos obstacles modernes.

Deux spécialités capitales dominent ce sujet, et semblent vouloir le dérober aux efforts des législateurs.

1°. Dans la poursuite des délits ordinaires contre l'ordre public, tout est facile; parce qu'aucun doute ne peut s'élever sur la criminalité de l'acte que le législateur signale, et que le magistrat punit. Considérons, par exemple, le vol ou le meurtre. Comme il n'est pas plus permis de voler un peu que de voler beaucoup, de blesser que de tuer, la culpabilité de l'accusé ne dépend pas du plus ou moins de latitude donnée à un droit; car il n'a aucun droit. Il ne s'agit pas d'un abus, mais d'un fait: et ce fait, soit qu'il ait plus ou moins de gravité, est toujours un fait coupable.

Dans la poursuite des délits de la presse, les choses se passent bien différemment. A côté de l'abus que la loi punit, se trouve le droit que la loi protège. L'homme que vous poursuivez comme incendiaire de l'ordre social, se défend comme bienfaiteur de l'humanité. Vous le menacez de la Roche Tarpéienne; et il réclame les honneurs du Capitole.

2°. Dans les délits commis par la voie ordinaire, ce qu'il y a de constant, c'est le délit même; ce qu'il y a d'incertain, c'est l'auteur.

Dans les délits commis par la voie de la presse, au contraire, ce qu'il y a d'incertain, c'est le délit; ce qu'il y a de constant, c'est l'auteur.

Ces deux grandes spécialités détruisent toute analogie possible entre la législation de la presse et la législation ordinaire. Où il n'y a pas de question de fait, il ne peut y avoir de question de droit. Les délits de la presse, par cette double bizarrerie, échappent également aux jurés et aux juges.

Les jurés ne sont appelés à statuer que sur des faits constans. *Ad quæstionem facti respondent juratores.* Le fait de la publication, étant au rang des droits, ne peut ici être invoqué.

Les juges ne statuent que d'après le texte des lois existantes; et en matière de presse, les cas coupables échappent à toute prévoyance. L'abus d'un écrit tient à un ordre de probabilités impossibles à calculer. Il dépend de certains événemens particuliers, joints à la situation générale des esprits. La loi, ne pouvant prévoir ni cette situation générale ni ces événemens, ne peut préciser à l'avance le fait dont un auteur se rendra coupable.

Tout jugement à intervenir, en pareil cas, est en même tems une loi à faire; et une loi qui aura un effet rétroactif, puisqu'elle est un jugement.

Vient-on à se tromper dans cet acte si étrange de la civilisation moderne; prend-on le parti de l'écrivain quand il fallait venger la société; c'est le principe du gouvernement qui est attaqué, c'est le pouvoir lui-même qui est en péril.

Prend-on, au contraire, le parti du pouvoir, quand il fallait défendre l'écrivain; c'est alors la liberté de la presse qui succombe, et avec elle toutes les autres libertés.

En un mot, dans le système représentatif, la presse n'est-elle pas libre, ou bien la presse n'est-elle pas contenue; l'ordre public est suspendu sur un abîme.

La nécessité et l'impossibilité de la loi étant établies, si le problème reste encore soluble, ce ne peut être que par la raison composée de cette nécessité et de cette imposibilité. Si on ne peut faire une loi écrite, il ne reste d'autre parti à prendre que de faire, s'il est permis de parler ainsi, *une loi vivante.* Il ne reste qu'à établir une institution qui prenne son origine à la source même des pouvoirs publics, et qui, par là, aura le droit de faire des lois ; une institution qui sera assujettie à des formes garantes de son impartialité, et qui, par là, aura le droit de rendre des jugemens. Il faut créer, sous le nom de GRAND JURY DE LA PRESSE, des législateurs juges qui, pris dans le sein des trois pouvoirs, seront comme identifiés avec les mystères de notre position, et avec nos saines doctrines, qui seront comme forcés de protéger la liberté de la presse que la charte proclame, et de punir ses abus que la charte proscrit.

Les grands jurés seraient au nombre de trente, tirés au sort chaque année, savoir : dix membres dans la chambre de l'initiative royale, dix dans celle des pairs, et dix dans celle des députés.

Sur les trente grands jurés, neuf seulement, choisis par l'accusé, dans la proportion réservée à chaque pouvoir, suffiraient pour composer un grand jury.

La spécialité de cette iustitution n'a rien de contraire aux règles de la jurisprudence. Les tribunaux sont faits pour les délits, et non les délits pour les tribunaux. N'avons-nous pas des juges de commerce, des juges militaires, des juges de l'amirauté? la société n'est en sûreté, que quand elle a un mode de punir assorti à la manière dont elle peut être offensée.

Je puis ajouter qu'en matière de presse, ce n'est point une innovation si extraordinaire qu'elle le paraît peut-être au premier aperçu. Je ne fais qu'appliquer à la garantie générale l'idée que deux des pouvoirs de la société appliquent déjà à leur garantie particulière. Selon la loi de la presse, telle qu'elle nous régit en ce moment, la chambre des pairs et celle des députés ont le droit de mander à leur barre les auteurs des écrits par lesquels elles se croient blessées, soit dans leur honneur, soit dans leurs prérogatives, et de leur infliger telle peine qu'elles jugent convenable.

Ainsi deux de nos pouvoirs se font justice à eux-mêmes; et le roi est obligé d'aller la demander à ses tribunaux, qui manquent de latitude pour la lui rendre. Ainsi les pouvoirs secondaires sont à l'abri de la licence de la presse, et le pouvoir principal y reste exposé. Cela vient toujours du même vice; cela vient de ce que la disposition de la loi de la presse relative aux chambres, est empruntée aux Anglais. Comme en Angleterre le but de toute législation politique est de maintenir le roi dans la dépendance, et de subordonner le pouvoir monarchique au pouvoir aristocratique, cette loi est bonne dans ce pays et y remplit son but. En France, au contraire, comme la loi doit garantir la suprématie du pouvoir monarchique, cette disposition y est non-seulement insuffisante, mais opposée au principe du gouvernement.

La législation de la presse, comme toute autre partie de la législation, doit être en harmonie avec le principe du gouvernement auquel elle est destinée. Cette règle ne souffre pas d'exception.

Dans la démocratie, la licence de la presse sert le principe démocratique. Plus elle dissout de réputations, plus elle amène de changemens parmi les hommes; mieux elle remplit sa destination. Une institution semblable à celle des grands jurés de la presse, y serait un contre-sens.

Dans l'aristocratie on a fait deux parts; d'un côté la masse du pouvoir, de l'autre les orgies de la licence. Dans l'aristocratie absolue, c'est la licence des mœurs; dans l'aristocratie représentative, c'est la licence de la presse. Toutefois il faut que le pouvoir aristocratique puisse s'en garantir; sans cela l'aristocratie deviendrait bientôt une démocratie. La pente qui conduit de l'une à l'autre est si rapide! de là les exemples de sévérité si célèbres dans les deux Chambres anglaises; de là le maintien des dispositions contre la licence que nous leur avons empruntées. Cependant il ne faut pas trop la décourager, car alors l'aristocratie tendrait à l'oligarchie.

Placée à égale distance de tous les extrêmes, protégeant également tous les intérêts, la monarchie ne peut supporter aucun genre de licence. Le triomphe de celle de la presse est dans sa faculté de détruire la réputation des hommes ; les mieux acquises ne sont pas plus en sûreté que les moins fondées : elle dissout l'or comme le plomb. Le principe monarchique ne pourrait supporter long-tems cette constante dispersion de tout ce qui l'environne. Il ne pourrait rester long-tems immobile au milieu de la constante fluctuation de tout ce qui le touche.

La presse a d'immenses avantages et d'immenses inconvéniens. Semblable au chimiste, qui fait le départ de la substance vénéneuse d'avec la substance salutaire, le grand jury de la presse mettra d'un côté ses avantages pour y faire participer la société, et de l'autre ses inconvéniens pour les frapper de réprobation.

Un dernier rapport sous lequel la liberté de la presse nous reste à examiner, est celui des journaux.

Dans tous les pays où cette liberté est au rang des droits publics, son exercice quotidien y devient l'objet d'une spéculation politique et commerciale. Ce genre d'industrie a nécessairement beaucoup d'attrait, parce qu'il procure tout à la fois une grande influence et des profits considérables.

On a mille fois démontré et de mille manières la différence des journaux d'avec les autres écrits. Malgré cette différence, la loi générale suffit-elle pour les contenir ? Si la loi générale est en harmonie avec le principe du gouvernement, je ne balance pas à répondre affirmativement. Le grand jury de la presse pouvant toujours proportionner la peine au délit, pouvant rendre contre les journaux des jugemens aussi rapides que leurs offenses, toute mesure d'exception serait inutile.

Dans l'état actuel de notre législation, il en est autrement; le nombre des journaux est limité; c'est un privilége que d'être journaliste : et si le gouvernement ne trouve pas dans cette restriction une assez forte garantie, il est autorisé, sous certaines conditions, à soumettre les écrits périodiques à une censure préalable.

La conséquence naturelle de la concession d'un privilége par le gouvernement, serait que tous ceux qui en reçoivent le bénéfice, ne pussent écrire que dans son sens. Alors les journaux seraient aux brochures et aux livres ce que la force publique est aux forces privées.

Au lieu de cela, les journaux privilégiés en France se partagent comme les journaux non privilégiés en Angleterre. Les uns appartiennent au ministère, et les autres à nos deux oppositions. Mais en Angleterre les journaux ministériels ont la majorité dans le pays comme dans le parlement; tandis qu'en France, où l'esprit d'opposition passe généralement pour le bon esprit, et, qui pis est, pour le bon ton, ce sont les journaux écrits dans cet esprit qui ont la majorité.

Composez un ministère à votre fantaisie, ceux qui l'attaqueront auront toujours l'avantage sur ceux qui le défendront. Telle est la France; on ne la changera point, et il n'est pas nécessaire qu'on la change. Le système ministériel est un système aristocratique, et non un système monarchique.

Il nous faut des journaux de conscience, comme des chambres de conscience; qu'il n'y ait plus de journaux ministériels systématiques, et il n'y aura plus de journaux d'opposition systématiques. Nous sommes inconséquens tout à la fois avec le système représentatif et avec nous-mêmes. Le privilége des journaux est une offense à la liberté de la presse; et des journaux qui écrivent contre le gouvernement dont ils tiennent leurs priviléges, sont une offense au sens commun.

Je n'ignore pas l'inconvénient du nombre illimité des journaux. Tout nouveau spéculateur en ce genre est réduit à se faire remarquer. On met du scandale dans son journal, comme on bat du tambour sur les trétaux pour attirer la foule. Les grands jurés remédieraient à cet inconvénient: et il ne faudrait pas deux exemples de sévérité pour garantir le présent et l'avenir. En France il faut que le gouvernement ait à lui tous les journaux, ou qu'il ne se mêle pas plus des journaux que des brochures et des livres. Je suis convaincu que le dernier moyen est préférable au premier.

Quant à la censure, c'est évidemment une ressource pour le gouvernement. Lorsque les deux pouvoirs secondaires ont la faculté de se garantir de la licence de la presse, en jugeant dans leur propre cause, il n'est pas déraisonnable de soutenir que le pouvoir principal, que le principe même du gouvernement, doit avoir, dans certains cas, un mode de prévenir les délits qu'il n'a pas moyen de réprimer.

La censure n'est autre chose qu'un tribunal *préventif;* tandis que le grand jury de la presse est un tribunal *répressif.* La seule différence qu'il y ait entre ces deux genres de tribunaux, c'est que le premier, dans presque tous les cas, punit pour avoir violé une loi qui n'avait pas pu être faite, et que le second fait une loi qui ne peut pas être violée. Ajoutons cependant que l'un laisse la liberté de la presse, tandis que l'autre y porte atteinte.

Mais le tribunal préventif, lui-même, doit

avoir d'autres règles dans la monarchie représentative que dans la monarchie absolue (1).

---

(1) Puisque j'ai prononcé le mot de censure, je saisirai cette occasion de rétablir un fait que, dans le tems, elle a empêché de publier. Pour moi, c'est un titre de famille; pour les autres, c'est un renseignement historique... Et le nom de l'auguste personnage qui s'y rattache, suffit pour y donner quelqu'importance.

Après le 9 thermidor, je disposais d'un journal. Il était, comme presque tous ceux de cette époque, consacré à la poursuite des bourreaux, et à la vengeance de leurs victimes. Je suis assez heureux pour y avoir donné le signal de ce cri de douleur et de délivrance, qui, dans le même instant, retentit d'un bout de la France à l'autre, en faveur de MADAME, qu'on appelait alors l'*orpheline du Temple*.

Peu de tems après la restauration, j'appris que la ville d'Orléans réclamait cet honneur auprès de la famille royale. Je n'avais pas eu la pensée de le faire; d'abord, parce que la date de l'action dont j'aurais pu me prévaloir, en diminuait beaucoup le mérite; ensuite parce que j'ai trop haute idée des princes de la maison qui nous gouverne, pour croire qu'il soit besoin d'aller mendier leur reconnaissance. Mais enfin, puisque d'autres voulaient s'attribuer cette action, je crus

Dans la monarchie absolue, la censure ne répond de ses actes qu'au monarque. Dans la

---

devoir faire imprimer la lettre qu'on va lire : et j'en adressai un exemplaire à M. le maire d'Orléans et un au journal de son département.

« MONSIEUR LE MAIRE,

» Je ne lis qu'à l'instant le numéro de la Gazette de » France, du 7 de ce mois, contenant, avec la copie » d'une pétition, en date du 17 avril 1795, adressée par » les citoyens d'Orléans à la Convention nationale, en » faveur de MADAME, alors prisonnière au Temple, le » récit des expressions adressées par la reconnaissance de » la Famille royale à la ville qui avait osé élever, *la* » *première*, ce cri de justice et d'humanité.

» Permettez-moi, Monsieur, de vous proposer, sur » ce dernier point, quelques doutes qu'il vous est bien » facile de dissiper s'ils sont sans fondement.

» Le 17 avril 1795, LOUIS XVII vivait encore; et je » ne dois pas me tromper en avançant que si les citoyens » d'Orléans avaient, à cette époque, fait une pétition » pour demander la délivrance de MADAME, ils n'au» raient pas oublié de parler de son malheureux frère.

» Maintenant, Monsieur, voici les motifs particuliers » de l'explication que j'ai l'honneur de vous demander.

monarchie représentative, où les pouvoirs aristocratiques et démocratiques ne peuvent

---

» Louis XVII est mort le 8 juin de cette même année
» 1795. La nouvelle n'en fut publiée à Paris que le 10, et
» on répandit en même tems le bruit de la maladie de son
» auguste sœur. Ce fut en cédant à l'impression causée
» par cette double alarme que je traçai quelques lignes
» pour implorer la pitié publique en faveur de la
» Royale Orpheline. Le 12, ma réclamation fut im-
» primée dans un journal dont je disposais, et il me
» paraît bien difficile d'avoir été prevenu par les citoyens
» d'Orléans.

» Le 19, je fis insérer un second article. La manière
» dont je m'y exprime en commençant, semble cons-
» tater que, si je n'ai eu d'autre mérite que de donner à
» l'opinion le signal d'éclater, je suis du moins assez
» heureux de l'avoir tout entier.

» *A peine* (disais-je) *ai-je eu demandé la mise en*
» *liberté de la fille de Louis, que toutes les bouches*
» *ont répété ce vœu. Déjà des pétitions sont adressées*
» *à la Convention nationale, en faveur de l'être le*
» *plus malheureux qui soit sur le territoire français.*
» *Quel cœur ne serait point ému par le spectacle de*
» *tant d'infortunes, de jeunesse, d'innocence! Elle a*
» *tout perdu. Elle n'a pas un parent, pas un ami.*

pas plus être attaqués que le pouvoir monarchique, il en doit être différemment. Ce

---

» *Tout ce qui l'environne la surveille; personne ne la*
» *console, etc.....* (*) »

» Le 20, c'est-à-dire le lendemain du jour où l'article parut, le Comité de Salut public arrêta de proposer à la cour de Vienne l'échange de MADAME, et le 30 la Convention convertit en décret la proposition de son Comité.

» Cette mesure, qui faisait du moins entrevoir un terme possible aux souffrances de la Fille des Rois laissait craindre aussi qu'il ne fût bien éloigné. Je le fis sentir dans deux nouveaux articles insérés l'un le 2, l'autre le 4 juillet.

» Voilà donc en vingt jours quatre articles sur le même sujet; et les deux premiers furent suivis de si près par les actes de l'autorité publique, que j'ai dû croire jusqu'ici avoir beaucoup contribué à la délivrance de MADAME.

» Si ma conduite à cette époque peut me donner un titre à l'estime des gens de bien; ou si c'est seulement, pour mes enfans, une raison de

* Voir le *Républicain français* du 19 juin (1er messid. an 3).

sont des pouvoirs secondaires, il est vrai; mais ce sont des pouvoirs : et la censure leur

---

» plus d'honorer ma mémoire, vous trouverez simple, » j'espère, que j'attache du prix à ma réclamation.

» J'ai l'honneur d'être, etc.

» CH. HIS. »

Paris, le 20 juillet 1814.

Voici la réponse de M. le maire d'Orléans. Ce n'est pas à moi qu'elle est adressée, mais au rédacteur des affiches de son département, qui avait inséré ma lettre.

Au rédacteur des affiches et annonces orléanaises.

« MONSIEUR,

» J'ai lu sous la date du samedi 20 Août, dans le » Journal que vous rédigez, une lettre que vous an- » noncez, *adressée à M. le Maire de la ville d'Orléans.* » Je ne puis concevoir, Monsieur, que vous vous soyez » permis d'insérer dans votre Journal un article qui » blesse toutes les convenances, par plusieurs raisons. » 1° Si j'avais reçu une lettre, elle m'appartiendrait, » et vous n'avez pas le droit de la rendre publique » sans mon consentement.

doit compte de ses jugemens, comme au pouvoir principal. Le tribunal préventif ne doit

---

» 2° Supposé que j'eusse reçu cette lettre, ce qui » est faux, vous auriez dû, avant de l'imprimer, de » quelque part qu'elle vous soit parvenue, vous assurer » auprès de moi de sa véracité.

» Je n'ai, Monsieur, reçu aucune lettre *écrite* à » mon adresse, pareille à celle que vous avez citée » dans votre Journal. Deux *imprimés* me sont effec- » tivement parvenus, il y a quinze jours ou trois se- » maines, timbrés de Paris. Je n'ai pu ni dû soup- » çonner que des imprimés fussent des lettres, et je » les ai refusés. Si vous eussiez été plus prudent, vous » vous seriez ressouvenu qu'on ne cite jamais un ad- » ministrateur sans l'avoir prévenu; car l'insertion » dans votre Journal a trompé plusieurs de nos con- » citoyens, qui ont pensé que vous teniez cette pièce » de moi. En suivant la marche tracée par les égards » et les convenances, vous vous seriez évité le désa- » grément de réparer une faute majeure, en insérant, » comme je l'exige de vous, la présente dans votre » prochain numéro. »

» J'ai l'honneur d'être, Monsieur, votre très-humble » serviteur.

» *Le Maire d'Orléans*,

» CRIGNON-DÉSORMEAUX. »

prévenir contre la peine que ce qui en serait passible si la loi existait. Or, cette loi serait faite par les trois pouvoirs.

Avant cette réplique, je ne faisais que soupçonner l'erreur de la ville d'Orléans; mais après, elle me parut incontestable. Si M. le maire avait pu soutenir le fait, il ne se serait pas amusé à nier qu'il eût reçu une *lettre* tout en convenant qu'il avait reçu un *imprimé*: et, en surposant qu'il n'eût pas lu l'imprimé que je lui avais adressé, il avait au moins lu la lettre qui était dans le journal, puisqu'il y répondait.

Fort de cet aveu, je voulus faire insérer ma réclamation dans les journaux de Paris; la censure fut impitoyable : elle avait reçu des ordres supérieurs.

Ce n'est pas que, même aujourd'hui, je veuille accuser soit la ville d'Orléans, soit M. le maire. Quelqu'intriguant se sera rencontré, qui aura voulu exploiter à son profit la délivrance de MADAME. Il aura commencé par tromper les autorités, qui, ensuite, de la meilleure foi du monde, se seront prêtées à faire valoir un acte, dont elles se croyaient les auteurs.

CHAPITRE XVI.

DE L'EXERCICE DE LA SOUVERAINETÉ DANS LA MONARCHIE REPRÉSENTATIVE.

Je n'aurais pas terminé ce beau sujet, si, après avoir dit comment les institutions peuvent assurer l'efficacité de l'action *constitutionnelle* du roi, je n'ajoutais encore comment elles peuvent concourir à l'efficacité de son action *souveraine*. Sur ce point si important, comme sur tous les autres, les doctrines étrangères ont déjà exercé leur ravage : et sous le nom d'*omnipotence*, la souveraineté anglaise, la souveraineté parlementaire a été substituée à l'antique souveraineté française, à la souveraineté purement monarchique.

Est-il donc vrai que cette antique souveraineté ait pu être déplacée ou seulement modifiée par la concession d'une charte, où, pour remplir certaines conditions déterminées de la royauté, le souverain s'est prescrit à lui-même certaines limites? Est-il vrai que par le fait de la création de trois pouvoirs, la souveraineté leur ait été transférée, en violation de la souveraineté monarchique.

Plusieurs orateurs, dans les deux Chambres, ont combattu cette doctrine. J'oserai ajouter quelques considérations à celles qu'ils ont présentées avec cette supériorité de talent qu'on leur connaît.

La concession de la Charte est un acte et un exercice de souveraineté. Cette relation de l'effet à sa cause est tout ce qu'il y a de commun entre eux.

La Charte ne se rapporte qu'au mode de gouvernement, qu'aux institutions qui ne peuvent rester les mêmes, puisqu'elles doivent donner le moyen de gouverner selon les tems et selon les besoins.

La souveraineté est l'opposé de tout cela. Le gouvernement en émane; mais elle n'est pas ce mode. Aussi est-elle perpétuelle, inviolable et transmissible de génération en génération.

A chaque pas nous retombons dans la même inconséquence. Le parlement anglais ne se dit *omnipotent* que parce qu'il reconnaît la souveraineté du peuple. L'omnipotence parlementaire est la représentation de cette souveraineté. Nous, au contraire, nous admettons la souveraineté du roi et l'omnipotence des trois pouvoirs. Cependant si le roi n'est qu'une troisième portion de l'omnipotence, il n'est pas souverain.

Les chartes anglaises sont de continuelles victoires sur la royauté. Notre charte à nous est une concession de cette royauté, et une concession déterminée. Elle ne crée d'autres droits que ceux qu'elle accorde. L'abdication de la souveraineté y est-elle? et en faveur de qui? La souveraineté ne peut être d'un côté, et le principe du gouvernement de l'autre. La Charte donne à celui qu'elle établit le nom de *gouvernement du roi.*

Mais celui qui fait les lois n'est-il pas le souverain? La souveraineté n'a-t-elle pas été, du moins, modifiée par la concession de la Charte? et, puisqu'il y a aujourd'hui convention, notre souveraineté n'est-elle pas devenue conventionnelle ?

Chaque mot est ici une erreur. Celui qui fait les lois est le souverain; s'il les fait *par son propre pouvoir;* mais non pas si le souverain lui-même l'appelle seulement à participer au travail de la loi. La création de ce nouveau mode législatif n'a donc pas non plus modifié la souveraineté. Elle a seulement modifié (et la différence est grande) la manière d'exercer une des attributions de la royauté. En un mot, ce que la Charte a rendu conventionnel, expression d'ailleurs fort incorrecte, c'est le mode du gouvernement. Mais par-delà, et à une immense distance, est la souveraineté. Par-delà est le principe monarchique, qui doit rester constamment immuable. Les institutions représentatives ne sont qu'un nouveau mode de le mieux affermir en lui fournissant de nouveaux moyens d'action contre des difficultés nouvelles.

Qu'on ne s'y méprenne pas ; même pour la formation de la loi ordinaire, le roi n'a pas abdiqué la souveraineté. Et c'est pour cela que je dis qu'il a seulement appelé de nouveaux pouvoirs à participer au travail de la loi. Le roi constitutionnel ordonne à ses ministres de porter aux chambres, et d'y soutenir une proposition. Les chambres l'adoptent à l'unanimité. La loi n'existe pas pour cela. Si le souverain, (car alors le roi constitutionnel disparaît, et le souverain se montre dans la plénitude de son pouvoir) si le souverain, dis-je, ne la sanctionne pas, s'il n'ordonne pas qu'elle soit publiée, la proposition est comme non-avenue : il n'y a pas de loi.

C'est ici qu'éclate toute la sagesse et toute la profondeur des vues du monarque qui nous a donné la Charte. La France a reçu une garantie, qu'aucune loi ne serait faite sans le concours des trois pouvoirs; qu'aucune volonté du monarque quelle qu'elle soit, n'arriverait jusqu'à la société, si les pouvoirs dépositaires de ses divers intérêts la regardaient comme inutile ou comme dangereuse. Mais cette bienfaisante disposition n'a cependant porté aucune atteinte à l'indépendance du pouvoir souverain.

Enfin, me dira-t-on, quel inconvénient y aurait-il donc à ce que les lois souveraines fussent faites comme les lois ordinaires? l'indispensable nécessité de l'initiative royale n'est-elle pas toujours là pour garantir le principe monarchique?

Il serait immense cet inconvénient. Nos lois fondamentales nous appartiennent. Elles sont entre le trône et nous une propriété commune : et on a toujours eu en France pour maxime que le souverain ne pouvait les changer. Jamais nos parlemens n'ont abandonné ce grand principe. Une nation a besoin de stabilité ; et elle n'en aura jamais, si le pouvoir constituant la menace sans cesse. Il peut tout ce qu'il veut: il peut donc, à tout instant, vouloir modifier, changer, et même anéantir les lois fondamentales. Y a-t-il rien de plus monstrueux qu'un pareil pouvoir, toujours en exercice, au milieu d'un état de choses que l'on dit être constitué? Les mœurs anglaises contiennent l'omnipotence : les mœurs françaises la précipiteraient.

Non-seulement ensuite l'initiative royale n'est pas une garantie ; mais, dans ce cas, elle est un danger.

La prérogative a-t-elle des institutions garantes de son efficacité ; alors le roi constitutionnel a le moyen d'abroger toutes les concessions faites par le roi souverain.

La prérogative, au contraire, n'est-elle qu'une vaine formule, et le principe du gouvernement est-il passé à l'une ou à l'autre chambre ; alors on pourrait voir toutes les lois, toutes les institutions garantes de l'autorité royale, détruites par l'initiative royale elle-même ; et, par un mélange de dérision et d'outrage, qui n'est pas sans exemple dans l'histoire des peuples, la royauté pourrait être détruite *de par le roi*.

Comment donc pourvoir à tant d'inconvéniens ? Comment, dans l'exercice de la souveraineté, concilier les besoins des peuples et l'indépendance du souverain ? car il ne faut pas qu'une nation périsse faute de moyens de réformer ses institutions fondamentales, soit qu'elles ne soient plus en harmonie avec le principe du gouvernement, soit qu'elles doivent prendre le niveau d'une civilisation nouvelle.

La souveraineté, avons-nous dit, dérive de la nature même de la société et de la force des choses. Il faut donc que, pour son exercice, elle remonte à son origine, la force des choses et les besoins des peuples.

Dans la législation ordinaire, c'est le roi qui a l'initiative; dans la législation souveraine, ce devrait être les chambres.

Si, par exemple, dans une assemblée renouvelée par cinquièmes, les chambres avaient, pendant cinq années consécutives, demandé le changement d'un article de la Charte, ou l'adoption d'une nouvelle disposition constitutionnelle. Il n'y a pas le moindre inconvénient alors à ce que, par le seul fait de cette demande, le souverain entre en pleine jouissance de sa capacité politique. Mais toutes les fois qu'il en use, il l'épuise; et, pour qu'il puisse en jouir de nouveau, il faut que la source d'où elle émane, lui en ait fourni une nouvelle portion.

Ainsi s'évanouirait à jamais toute crainte de perdre les lois que nous avons déjà ; ainsi s'évanouirait toute inquiétude de recevoir celles que nous ne voulons pas; ainsi naîtrait l'espérance d'obtenir celles dont nous avons besoin.

CONCLUSION.

Un gouvernement est un ensemble d'idées, un faisceau de moyens indivisibles qui se rattachent aux antécédens historiques, aux mœurs et à la position particulière du pays que ce gouvernement doit régir.

Par suite de tous ces rapports, le gouvernement anglais est une aristocratie représentative.

Par suite de ces mêmes rapports, le gouvernement français est une monarchie représentative.

Une aristocratie représentative est un ministère appuyé sur la majorité des chambres aristocratiques.

Une monarchie représentative est un roi appuyé sur des institutions garantes de la suprématie monarchique.

En Angleterre les Chambres sont la force motrice de l'état ; le roi n'est que la force d'inertie.

En France les Chambres ne sont que la force d'inertie ; le roi est la force motrice.

L'Angleterre est ministérielle, et n'est pas royaliste.

La France est royaliste, et n'est pas ministérielle.

Les institutions représentatives en Angleterre doivent donc mettre le ministère en évidence, et dissimuler le roi.

Les institutions représentatives en France doivent donc montrer le roi, et dissimuler le ministère.

Nous avons vivement désiré ces institutions ; mais si nous persistons à vouloir les appliquer à la manière anglaise, c'est-à-dire à un principe de gouvernement autre que le nôtre, nous finirons par les rendre impossibles. Après un triomphe éphémère sur une opposition qu'on croira ne venir que des personnes, on succombera infailliblement devant celle qui se trouve dans les choses, lorsqu'on les fait mouvoir contre leur sens. Que deviendrions-nous alors? comme on ne pourrait ni gouverner contre le torrent des nouvelles idées, ni coordonner ces idées entre elles, dans cet état d'agitation et d'impuissance, la civilisation serait comme arrêtée.

Dans la monarchie à institutions représentatives, le principe monarchique ne peut périr que de deux manières; ou par le mal qu'il se ferait à lui-même, si les institutions qui l'environnent ne suffisent pas pour le contenir; ou par le mal que peuvent lui faire ces mêmes institutions, si, au lieu de se borner à le contenir, elle le dominent et l'oppriment.

Les ressources ministérielles sont également impuissantes contre l'un ou l'autre de ces inconvéniens. Des ministres ne sont pas assez forts pour résister à celles des volontés du monarque qui pourraient être contraires à ses intérêts : et ils le sont encore bien moins pour préserver le monarque de celles des volontés des pouvoirs secondaires qui pourraient être contraires au principe de son gouvernement.

La création d'une Chambre de l'initiative royale procurerait ce double avantage et bien d'autres encore.

Comme les ministres seraient habituellement pris dans son sein, par la même raison qu'en Angleterre ils sont pris dans les Chambres aristocratiques, nos deux oppositions systématiques, nos oppositions contraires à l'esprit de la monarchie, se trouveraient dissoutes. Ce qui les entretient, c'est qu'elles sont la route du pouvoir et de la fortune. Le ministère étant ainsi hors de leur prise, elles périraient faute d'aliment.

La dissolution de nos oppositions systématiques aurait à son tour ses conséquences. Autour de l'une se grouppent naturellement tous ceux qui ont perdu quelque chose à la révolution; et autour de l'autre tous ceux qui y ont gagné. Cela forme dans l'état deux partis, toujours trop faibles comme majorité, toujours trop forts comme minorité. Par la nouvelle direction qu'imprimerait la création d'une Chambre de l'initiative royale, ils se fondraient plus facilement encore que les oppositions qui les rallient.

Quelle circonstance fut jamais plus favorable ! la France est le pays le plus royaliste de l'Europe : elle est fatiguée des partis, et les partis sont fatigués d'eux-mêmes. Jamais, même en France, la royauté n'eut si beau jeu ; jamais, même en France, elle ne fit sur les cœurs une plus vive impression : mais il ne suffit pas qu'elle soit au fond des cœurs ; il faut que tous les actes du pouvoir en portent l'empreinte ; il faut que toutes les lois en soient remplies, il faut qu'elle soit dans l'esprit du gouvernement, bien plus encore que dans son langage : et, pour obtenir ce résultat, une Chambre de l'initiative royale me paraît indispensable ; elle seule peut faire régner le roi. La Charte ne serait point altérée, mais complétée par cette création.

La royauté a admis de nouvelles institutions à représenter de nouveaux intérêts ; il faut qu'elle fasse pour elle-même ce qu'elle a fait pour les autres. L'aristocratie et la démocratie ont leurs sectaires : il faut autour de la monarchie une sorte de sacerdoce spécialement dévoué à son culte, initié dans ses secrets et conservateur de ses dogmes.

Tel est le système que j'offre à la méditation du petit nombre d'hommes qui entendent ces matières. Dans l'exposition des moyens qui militent en sa faveur, je me suis abstenu de tout développement comme, de toute application; et par là je me suis, pour ainsi dire, interdit les chances d'un succès. Ce sont les développemens qui apportent la conviction et les applications qui séduisent; mais cette ressource avoisine de trop près les personnalités ; et les charges dépasseraient ici les bénéfices.

Je suis resté sur la terre des abstractions ; parce que, si c'est une terre aride, au moins c'est une terre neutre, également respectée des sages et de ceux qui ne le sont pas. Ceux-ci s'embarrassent peu des doctrines, et ne connaissent de péril que celui qui touche leurs intérêts personnels; ceux-là savent que tous les intérêts sont menacés, que tout est en péril, depuis le roi jusqu'au dernier des sujets, quand les saines doctrines ne sont pas établies.

Aux idées que je présente on opposera un monde d'idées invétérées, et tellement répandues qu'on peut les appeler dominantes. Mon système est aussi tout un monde d'autres idées, qui, de leur côté, ont tout ce qu'il faut pour les rendre dominantes. J'en suis profondément convaincu, et je ne finirai pas, sans répéter une dernière fois ce que j'ai dit à chaque page : nous faisons fausse route. Nous sommes sur les bords de la Seine; et nous ne perdons jamais de vue les bords de la Tamise. Semblables au pilote Athamas, que la vengeance d'une divinité ennemie éloignait d'Ithaque sa patrie, nous avons aussi devant nous une fausse terre et un faux ciel. Plus nous avançons en apparence, séduits par ces trompeuses images, plus nous reculons en réalité ; plus nous nous éloignons de la véritable Ithaque, de la véritable terre de la patrie.

5 septembre 1824.

TABLE DES CHAPITRES.

www.ingramcontent.com/pod-product-compliance
Ingram Content Group UK Ltd.
Pitfield, Milton Keynes, MK11 3LW, UK
UKHW021105200726
13857UKWH00003B/1097